U0468029

名家写名人

科学旗帜 李四光

朱自强 ○ 主编
周晴 ○ 著

中国和平出版社
China Peace Publishing House

图书在版编目（CIP）数据

科学旗帜李四光 / 周晴著 . -- 北京：中国和平出版社，2021.7（2024.9重印）
（名家写名人 / 朱自强主编）
ISBN 978-7-5137-2044-1

Ⅰ.①科… Ⅱ.①周… Ⅲ.①李四光（1889–1971）– 传记 – 青少年读物 Ⅳ.①K826.14

中国版本图书馆CIP数据核字(2021)第089161号

名家写名人 科学旗帜李四光　　　　　　朱自强◎主编　周　晴◎著

策　　划	林　云
责任编辑	张春杰
设计制作	弯　弯
封面绘画	王　光
内文插图	刀巴三
责任印务	魏国荣
出版发行	中国和平出版社（北京市海淀区花园路甲 13 号院 7 号楼 10 层　100088）www.hpbook.com　hpbook@hpbook.com
出 版 人	林　云
经　　销	全国各地书店
印　　刷	凯德印刷（天津）有限公司
开　　本	710mm×1000mm　1/16
印　　张	9
字　　数	79 千字
印　　量	15001 ~ 18000 册
版　　次	2021 年 7 月第 1 版　2024 年 9 月第 3 次印刷
书　　号	ISBN 978-7-5137-2044-1
定　　价	25.00 元

版权所有　侵权必究

本书如有印装质量问题，请与我社发行部联系退换 010-82093832

序言

作家给孩子们的阅读礼物
朱自强

在儿童的课外读物中,传记文学应该是一种十分重要的门类,具有特殊的重要价值。新的《语文课程标准》已经用较为宽阔的视野,看待提高语文能力的过程,建议小学阶段的语文课外阅读量不少于145万字。那么小学生(包括初中生)的语文课外阅读读什么?当然主要是阅读儿童文字,而传记文学正是儿童文学中特殊的、重要的一种文类。

进入给儿童的传记文学的传主一般需具备这样一些条件。他们在某个领域有相当的成就、贡献;他们的生命历程具有波澜曲折;他们应该具有富于魅力的个性和独到的见解。这样的传主经过具有人生经验和智慧,富于文学才华的作家立传,无疑会给儿童读者以积极的影响。利丽安·史密斯就说:"阅读历史和传记能够矫正短视的人生观。当孩子意识到自己生活的时代,只是从人类在这个地球上诞生之始到未知的将来这一漫长旅途上的一小段路程,就会产生了解其他时代、其他国度的生活的愿望。这样的阅读给予孩子内省的观点,帮助孩子学会鉴别只有一时价值的事物,学会全面的思考方法。"可以说,与一般的小说阅读相比,传记文学对儿童的成长具有更大、更深刻、更直接的影响。

　　孩子们阅读传记，除了求知，更希望汲取伟人的经验，来开辟自己的人生道路，为自己设定高远的奋斗目标，一本优秀传记可以让儿童的阅读生活更加快乐；同时，一本传记改变一个人一生的事例也是屡见不鲜。

　　传记对于儿童的精神成长具有如此重要的价值，而目前书店书架上众多的传记作品，在文学性和儿童性这两个方面还存在着很多问题。传记是文学，给孩子们阅读的传记，则应该是优秀的儿童文学。艺术性、思想性、趣味性应该成为儿童版传记所不能或缺的要素。

　　由中国和平出版社出版的"名家写名人"传记文学丛书，是给孩子们的一份珍贵礼物。为了打造一套高质量、高品位的儿童传记文学丛书，同时也为儿童文学的一个重要文类积累优秀成果，我特别邀请了汤素兰、程玮、格日勒其木格·黑鹤、薛卫民、徐鲁、王一梅、李东华、薛涛、李学斌、鲁冰、周晴、张洁、董恒波、余雷、管家琪、爱薇、刘东、林彦、北董、侯颖、郝月梅、顾鹰等儿童文学知名作家为孩子们创作传记，还邀请了庄志霞、赵庆庆、周宛润等作家加盟创作队伍。可以毫不夸张地说，迄今为止，在国内儿童版的传记丛书中，这样强大的优秀儿童文学作家的阵容还从未出现过。这些作家的人生智慧和艺术才华，给这套传记丛书提供了优良的品质保证，也使目前传记文学的创作，实现了艺术质量的提升。

　　这是作家给孩子们的一份阅读大礼。希望这些书籍成为孩子们成长道路上的良师益友。

导读

科学旗帜

周 晴

各位亲爱的小读者，呈现在你们面前的，是一本关于科学家的传记故事，写的是李四光一生的追求与梦想。

李四光是在中国的科学界赫赫有名的传奇人物，他对地质学的影响和贡献，在新中国是没有第二个人可比的。

他早年曾经留学日本，学习先进的造船技术，为强国梦做好了技术准备；之后，他又留学英国，选择学习地质学。他以优异的成绩从英国伯明翰大学毕业。

1923年，李四光就提出蜓科鉴定方法，将蜓科主要特性，用若干曲线表示出来，并利用这个方法，鉴定了大量的化石标本，完成了科学巨著《中国北方之蜓科》一书的撰写，并因此获得了英国伯明翰大学的博士学位。

新中国成立之初，他排除万难回到祖国的怀抱。回国后，他对我国的地质力学研究做出了突出贡献。在专业方面，他不仅创建了地质力学，而且还在第四纪冰川、古生物学研究方面颇有建树；他的组织能力和思辨能力都非常突出，他是最早组织和推动石油勘探、地震预报和地热研究的科学家和领导人；他主持石油勘探工作，为我国摆脱贫油的窘境，成为正在苏醒的巨龙，注入了能源和活力；他创立地质力学，把力学引进到研究地壳构造和地壳运动规律中，开辟了一条解决地壳构造和地壳运动问题的新途径；晚年，他不顾年事已高，对地震区的准确预测，向人们彰显了自然灾害的可预见性和可防范性……

而这些成绩与荣耀的取得，都与他从小的坚韧与努力，与他始终的志向与梦想是密不可分的。

李四光天资聪颖又勤奋好学，有一双善于观察的眼睛，凡事喜欢多问几个为什么，而且喜欢动手验证自己的设想。他十三岁就考取了官办的学堂，为自己赢得了留学的机会。参加革命失败后，他立志研究科学技术，为了这个目标，他倾注了自己全部的心血，一路前行，在科学的道路上，攀登上一个又一个高峰。

在李四光的身上，有许多有趣、感人的故事，比如，他灵机一动，为自己改名叫"李四光"；再比如，他对石头的钟情，为他赢得"破裤子教授"的雅号；他躲过领事馆的追击，辗转回到了祖国的怀抱……请打开这本书，从第一章开始读吧。

目录

第一章　好读书和心灵手巧 / 001

第二章　好奇的眼睛 / 011

第三章　不容易的公派生 / 020

第四章　同盟会会员 / 031

第五章　求学之路 / 040

第六章　在英国立下一生的志向——辞官学地质 / 048

第七章　温暖之家 / 059

第八章 关于䗴的命名 / 072

第九章 发现第四纪冰川 / 080

第十章 一块奇怪的石头 / 090

第十一章 我要回国 / 099

第十二章 为祖国找石油 / 109

第十三章 预报地震 / 117

第十四章 工作到最后一刻 / 125

第一章
好读书和心灵手巧

1889年10月26日,在湖北黄冈一个叫张家湾的地方,一位在当地颇有名气的私塾①学校任教的老师李卓侯的心情非常激动,正是秋天最好的时节,他的二儿子出生了。

一家人都很高兴,这孩子眉目清秀,很像父亲李卓侯。父亲按照家里的辈分,给儿子取名叫李仲揆。

这个李仲揆,大家也许有点儿陌生,其

---

①私塾:旧时私人所办的学校,它是私学的重要组成部分。私塾有多种:有塾师自己办的教馆、学馆、村校,有地主、商人设立的家塾,还有属于用祠堂、庙宇的地租收入或私人捐款兴办的义塾。私塾产生于春秋时期,作为私学的一种,在漫长的封建社会,除秦朝曾短暂停废外,两千余年延绵不衰,作为人才培养的摇篮,它与官学相辅相成,并驾齐驱,共同为传递中华传统文化,培养人才,勤苦耕耘,不懈奋斗,做出了不可磨灭的贡献。

实他呀，就是后来闻名中外的地质学家李四光。

父亲之所以给儿子取名李仲揆，不仅是作为读书人的父亲舞文弄墨的一点儿喜好，而且寄托着他对孩子的期待。李卓侯总共生有四个儿子、两个女儿，他为四个儿子分别以伯、仲、叔、季取名，这在古代是排名的先后顺序，大家一看到名字中的这个字，就可以知道孩子在家中排行老几了；而"揆"这个字，是有准则、懂道理的意思。也就是说，父亲希望自己的二儿子李仲揆，将来可以做一个有涵养、有准则的人。

李四光始终记着父亲的期望，没有辜负父亲的期待。

童年时代，李仲揆就是个肯读书、爱动脑筋，又善于观察的孩子。

他的善良、乖巧和懂事，给父母和乡邻留下了深刻的印象。

李仲揆五岁那年，父亲安排他跟着一位名叫程月亭的老先生学习识字，他就学得很认真。这样过了一年，有了一定的基础后，父亲就将他转到自己开办并担任老师的私塾里继续习文练字。李仲揆非常用功，他知道，父亲和母亲都是拼尽了全力来抚养和培育他们几个孩子的，所以，自己只有好好读书，并且尽可能利用读书之余的时间帮着父母干活，才是正道。

一天上午，私塾才开张不久，孩子们正在跟着李卓侯念古文，忽然，李卓侯遇到一件紧要的事情要外出一下。他怕孩子们在他走后会分神，就为他们布置了作业：先背书，再写大字。想想还是不放心，临走之前，他又找来私塾所在的庙里的老和尚，请他帮着照顾一下这些孩子，还再三叮嘱孩子们："我去去就回，你们一定要守规矩，把作业做了！"

孩子们齐声回答道："明白了，先生，我们一定遵守规矩，绝不逃学。"

但孩子就是孩子，李卓侯走后没多久，私塾里的背书声就渐渐轻了。有几个孩子放下了手中的书，开始你看看我，我看看你，你朝我挤挤眼睛，我趁机捅你一下。见看管他们的老和尚和颜悦色的，几个调皮的孩子就试着从座位上跳起来，跑到私塾外面玩起了捉迷藏的游戏……一看有人出去玩捉迷藏了，没几分钟的工夫，教室里的孩子纷纷跑到外面去了，有在外面疯跑的，有去树上摘野果的，甚至还有几个胆子大的，在院子里唱起了大戏……

私塾里听不到朗朗的读书声了，热闹得像个集市一般。

老和尚一看可着急了，他一会儿劝说这个，一会儿又劝说那个："哎呀，你们安静一点儿，读书要紧啊！"

可是，教室里的孩子却几乎走得一个不剩，看着空荡荡的教室，老和尚只能叹着气站在教室门口直摇头。忽然，他注意到，有一个孩子没参与这些玩闹，而是独自一人捧着本书，躲到一个安静的角落，暗暗用功去了，似乎这些吵闹声和他无关，他像是早就沉浸到了书的海洋里，正一个人在那里自由自在地遨游呢！老和尚不禁在心里为这个孩子叫好。

傍晚时分，李卓侯匆匆赶了回来。听到老师的脚步声，刚刚还在玩耍的孩子连忙丢下玩得起劲的游戏，跑回教室里，捧起留在桌子上的古文，煞有介事地摇头晃脑地念了起来。

教室里又一次响起了朗朗的读书声。李卓侯脸上的笑容还没来得及展开，老和尚就指着这帮又可气又可笑的孩子，将李老师走后孩子们全部溜出教室嬉笑玩闹的情况一一告诉了他。李卓侯看了看教室里那些正在摇头做沉浸状的孩子，无奈地摇着头。

咦，奇怪，在这些摇头晃脑，看似用功的孩子中，独独缺了自己的二儿子李仲揆。他刚想发火，老和尚赶紧拦住他，充满敬意地对他说："你可别错怪了你家公子啊，我看呀，这帮孩子中，就属他的品行最佳了。自先生离开后，他一直都没有放下手里的书，看这里实在太吵了，他拿着书躲到外面去继续用功呢！"

说着，他朝外面的一个角落一指。果然，李仲揆似乎还

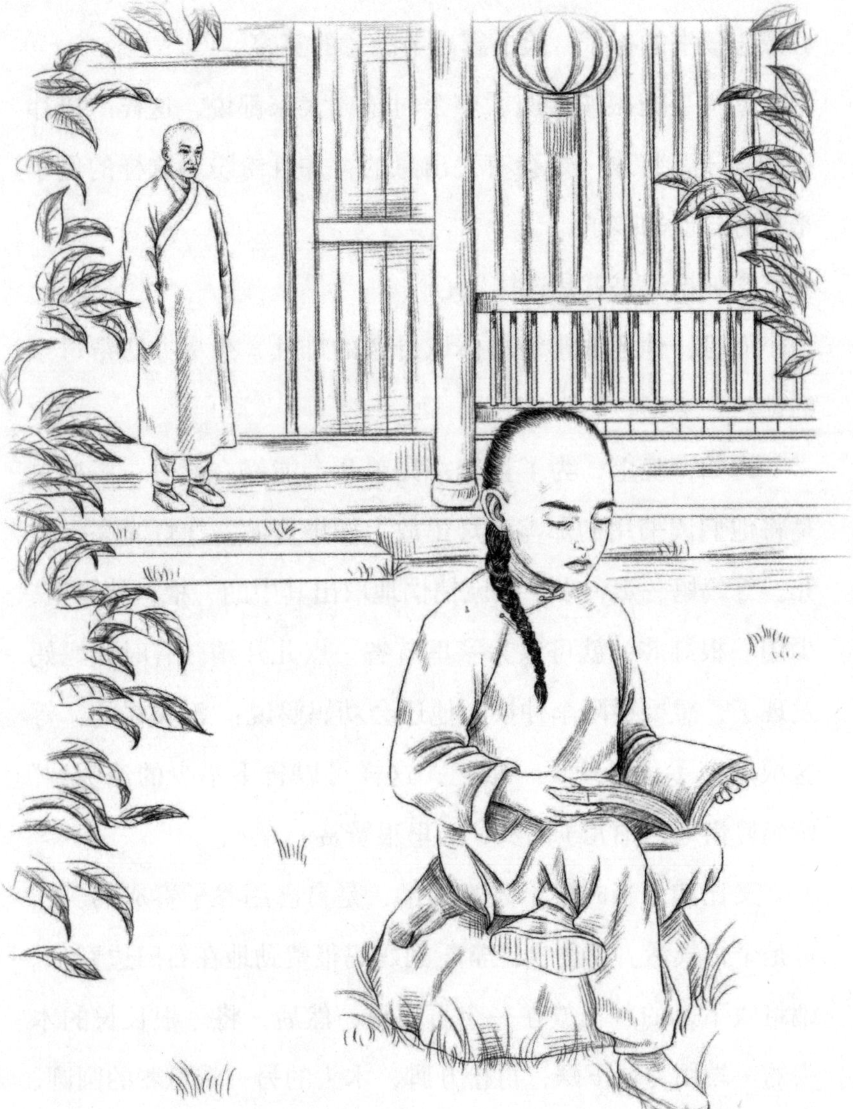

沉浸在书中，连父亲已经回来了都不知道。父亲看着儿子专心致志读书的样子，脸上露出了满意的笑容。

这件事情很快传遍了整个村子，大家都说，这样严以律己的孩子，将来一定会有大出息的，并且纷纷用这样的例子来教育自己的孩子。

李仲揆读书就是这样用心。

而且，他还非常懂得体谅母亲的难处，想尽办法帮母亲的忙。

比如，晚上，为了让李家兄弟几个能好好读书，妈妈总是将他们读书用的那盏油灯里放上两根灯芯，让灯光亮一点儿。等妈妈一走，李仲揆就悄悄地取出其中的一根，他知道，少用一根灯芯，就可以为家里节省一点儿开销。有时候妈妈发现了，想要拦阻李仲揆，他还会劝妈妈说："没关系的，等这根用完了，再续下一根吧，这样可以省下不少的油呢！"妈妈怜惜地拍拍儿子的头，心里很赞赏。

又比如，当时家里人吃的米，是自己用谷子舂成的。这可是个力气活。李仲揆经常看到妈妈很费劲地在石臼边舂米。她将收下来的谷子放在一个石臼里，然后，将一根长长的木头的一端用力往下踩，再松开脚，木头的另一端悬着的圆圆、尖尖的石椎就会砸在石臼里，将包裹在稻谷外面的壳砸开，露出里面白白的米粒来。

但这样做，常常是妈妈费了好大的劲，累得满头大汗，却只能舂出几斤米，只够大家吃一天的。妈妈每次舂好米，要好一会儿才可以喘过气来，李仲揆看在眼里，急在心里，他好几次想代替妈妈去踩那个木头，可另一端的石椎太重了，他根本踩不动。

怎么办呢？李仲揆想，我人小，脚上的力气就小，如果可以手脚并用，就一定可以将木头压下去。他仔细研究了一下，如果用一根绳子将这根长长的木头固定住，自己就可以手脚并用了。于是，他找来一根粗麻绳，从房梁上穿过，绑住木头的一端，然后手拉住绳子，脚同时踩住木头，就这样脚上和手上一起用力，沉重的石椎终于被小小的李仲揆拉动了。李仲揆高兴坏了，然后，他手脚同时一松，只见那石椎重重地落在石臼里——哈，终于成功了！

就这样，一下，又一下，周而复始地，李仲揆也可以帮着妈妈舂出白白的米粒来了。

这以后，读书的空余时间，他经常帮着妈妈舂米，看到妈妈不那么累了，李仲揆心里非常开心。这件事情后来也被邻居们知道了，大家都说："这孩子，又孝顺，又会开动脑筋，真是难为他小小年纪就这么周到。"

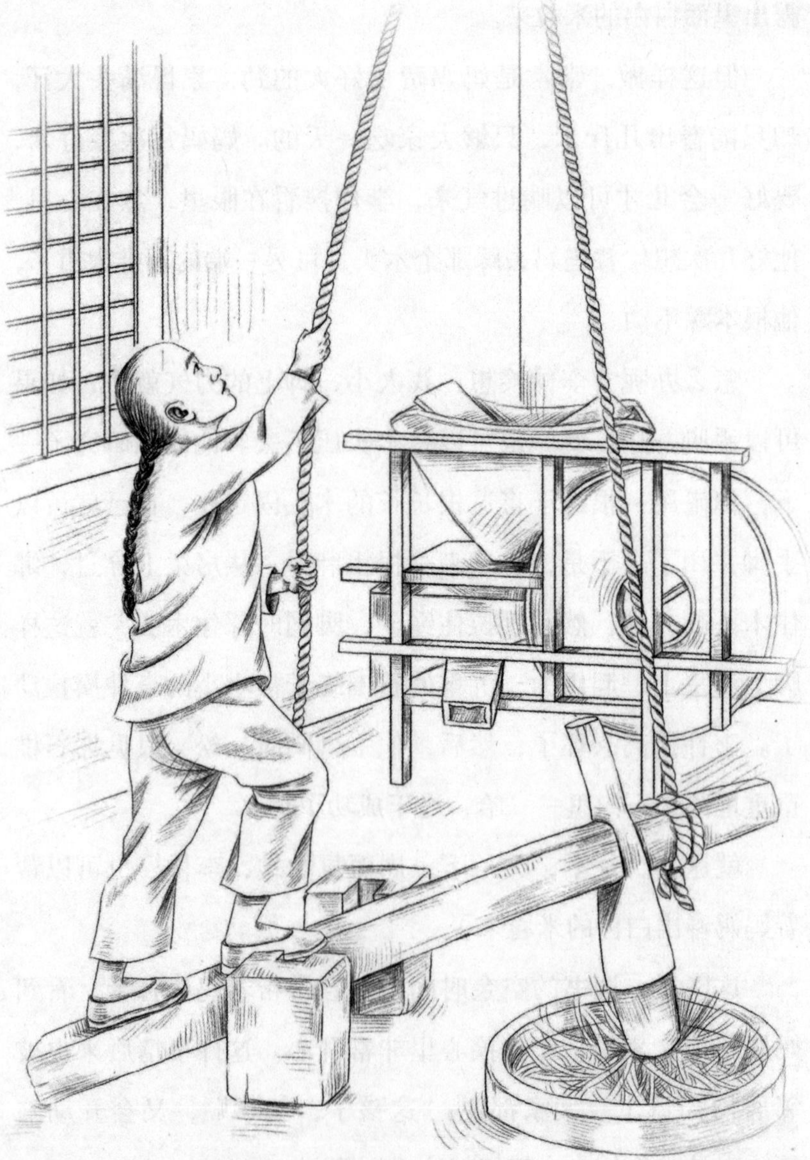

到了秋天，池塘里的藕迎来了收获的季节。这是水乡的一件开心事，因为藕是大家最爱吃的菜，所以，到了莲藕收获的季节，大人小孩就都跑到池塘里去踩藕了。

那些藕啊，是长在池塘的泥底下的，肉眼一般不容易发现，只能用脚踩着去感觉它的存在。那些小孩子，心里着急，人又贪玩，常常是在泥地里踩来踩去的，弄得身上脸上溅得都是泥，却还没找到脚下的莲藕；有的时候呢，终于找到一段莲藕，却是重重一脚下去，就把蛮好的一段莲藕给踩断了，效率很低。

李仲揆的做法和大多数孩子不一样，他爱动脑筋。你看他，走路很慢，脚下的力气也用得尽可能小，而且，好像老天爷特别眷顾他似的，他总是可以比别人更快地找到莲藕，更令人称奇的是，他"踩"上来的莲藕基本都是完整的。白白胖胖的莲藕，不需多久，就在他的身后堆起一大堆来，你再看他，身体上、脸上还是干干净净的呢！

时间一长，大家都好奇起来：同样在池塘里踩藕，难道李仲揆的运气就特别好吗？

李仲揆看大家问他，才笑嘻嘻地道出了秘密：其实，一开始的时候，他也没找到规律，也曾经乱踩一气，弄得身上脸上全是泥，后来，他发现了一个秘密——有藕的地方，一定会有长长的荷叶相连着。有的孩子还不明白，李仲揆就找到一片荷叶梗，一边示范一边解释说："我们虽然看不到藕，但和这些莲藕相关联的荷叶梗却是露在外面的，你只要顺着荷叶梗踩下去，就可以踩到藕了。不过，这个时候下脚一定要轻，等用脚丫子摸清了藕的形状，再这么轻轻一挑，一整个藕就出来了。"

"呀，这个办法真好！"大家听得明白，也看得明白，不由得称赞起来。

于是，所有的人都学着李仲揆的做法，挑藕的速度大大加快了！

中国有句俗话，叫"三岁看老"。童年时代的李仲揆就获得了家人、邻居和孩子们的交口称赞，而他的爱动脑筋，他的喜好读书，还有他善良的品质等，都成为他未来迈向成功的基础。

俗话说："千里之行，始于足下。"一个人要想在长大后获得成功，就要从童年开始对自己严格要求，要发现问题，分析问题，解决问题。这就不仅需要好好读书，从书本中吸取养料，还要在日常生活中学会发现问题，并开动脑筋寻找解决问题的方法。

第二章
好奇的眼睛

要想发现问题,就要善于观察,从平常的事情当中看到别人没有看到的细节。李仲揆从小就长着这样一双慧眼。

孩提的时候,大家都喜欢玩捉迷藏的游戏,李仲揆也常常和小伙伴们去村子东面的一个小山丘旁玩耍。那个小山丘上有一块大石头,比人还高,远远看上去,好像一座小房子,圆鼓鼓的,正好适合躲猫猫。李仲揆曾经有好几次和小伙伴玩躲猫猫的时候就躲在这块石头后面。每次躲在这块石头后面时,他总是会摸着石头,心里不断地想着一个问题:这块大石头是从哪里来的呢?

他曾经仔细观察过这块石头,它和村子

里其他地方的石头都不一样。小河边圆溜溜的鹅卵石，看上去比它要圆滑很多，也小很多，颜色也很不一样；村子里其他地方的石头多半可以找到很多自己的"同伴"，就这块石头有点儿特别，也显得"孤零零"的。

这块石头是从哪里来的呢？

这个问题始终萦绕在李仲揆的小脑瓜中。

为了弄清这个问题，他问过很多人。

他曾经问过坐在上面歇脚的大人，他们刚从田里做了工回来，一边抽着旱烟，一边用烟斗拍拍石头："这个嘛，叫打牛石。"

"那它是从哪里来的呢？"

"不知道，打我生出来时，它就在这里啦。"

李仲揆找不到答案，又去问父亲、问母亲，可他们也说不出个所以然。这块石头不像是从河里冲过来的，因为村子的小河非常浅，里面根本搁不住这样大的石头。

"难道是从山上滚下来的？"李仲揆问妈妈，"可周围都是很低矮的山岭，似乎也不具备长出这么大石头的条件啊！"

"一百多里外的大山上倒是有这么大的石头呢。"妈妈说。

"可是，那么远的山上的石头，怎么会跑来我们这里呢？"李仲揆觉得妈妈的说法也说不通。

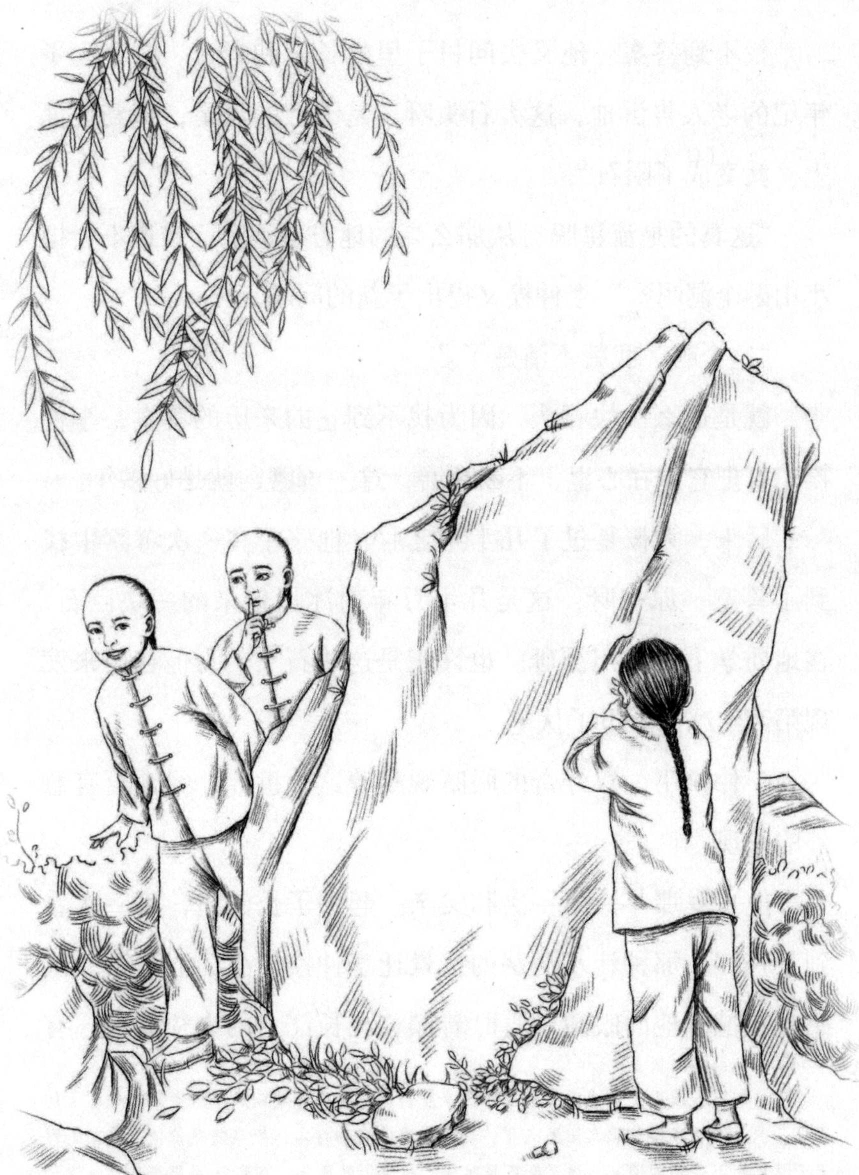

找不到答案，他又去问村子里的长辈和老人。有个上了年纪的老人告诉他，这大石头呀，是天上的流星，掉到地面上，就变成了陨石①。

"这真的是流星吗？从那么高的地方砸下来，难道不会把小山砸个洞吗？"李仲揆又提出了新的问题。

"这个啊，我就不清楚了。"

就是这么一块石头，因为找不到它的来历的答案，李仲揆一直把它记在心里，不断琢磨，这一琢磨，就是好多年。

后来，大概是过了几十年之后，他终于在一次考察中找到了答案：原来呀，这是几十万年前冰川带来的一块巨石，在地质学上叫冰川漂砾。也许正是这块石头，为他在后来发现第四纪冰川埋下了伏笔。

李仲揆用一双好奇的眼睛观察着这个世界，经常会有意外的发现。

他六岁那年，第一次和父亲一起去了长江边，第一次看到了长江。那种江水浩荡的情景让李仲揆幼小的心灵第一次感到震撼，他的眼睛一直盯着漂移在长江上的来往船只：有

---

①：陨石：陨石是地球以外的宇宙流星脱离原有运行轨道或成碎块散落到地球上的石体，它是人类直接认识太阳系各星体珍贵稀有的实物标本，极具收藏价值。我国是世界上发现陨石最早的国家，远至新石器时代，后经历朝历代，直到20世纪末均有文字记载，并有不少标有"落星"的地名，如"落星山""落星湖"等。

看上去小小的木船，有扬着风帆的白帆船，哇，还有好高好大的船，船顶上吐着黑烟，速度奇快，在船的身后，江水被激起长长的白色浪花。

"爸爸，这是什么船啊？"李仲揆从来没有见过这么大的船。

"这是洋人造的火轮船。"爸爸回答说。

"没有帆，也没看到有人摇桨，它是怎么跑得这么快的啊？"李仲揆紧接着问。

"轮船的肚子里有个大机器，是烧煤的，你没看到上面冒着黑烟吗？就是这个机器带着大船'突突'跑的。"

"这么大的船，还要带上机器，怎么还能漂在水上，不沉下去呢？"李仲揆的问题越来越多。

"是呀，洋人造的火轮船，用的是铁壳子，甲板也是用铁做的，甲午战争①的时候，我们就是吃了这些铁家伙的亏啊！"父亲说到这里，脸色变得阴郁起来，"什么时候，我们也能造出这样的铁家伙了，就可以不再受洋人的欺负啦！"

李仲揆把父亲的话听在耳里，记在心里。他暗暗地对自

---

①甲午战争：1894年爆发的中日甲午战争，是中国乃至世界近代史上的一个重大事件。这是一场从1894年到1895年间的中国军民抗击日本侵略的战争，战争以中国失败而告终，赔款两亿两白银。因1894年（清光绪二十年）干支为甲午，故历史上称为甲午战争。

己说:"将来,我要造出我们自己的火轮船来!"

说干就干!回到家不久,他就开始行动了。

他经常去铁铺找来一些铁皮呀、铁片呀的边角料,过了一些日子,终于凑齐了做船需要的铁片。然后,他按照自己看到过的火轮船的模样,将那些铁片剪边、捶打、锉平……还找来了焊锡和烙铁,又过了一些日子,终于,一艘小小的铁壳子"火轮船"做好了。

这艘"火轮船"和李仲揆在长江里看到的大船简直一模一样,有船舱,有烟囱,也有甲板。小伙伴们看到了,都很惊讶,纷纷夸奖李仲揆做得巧妙,但大家也很疑惑。

"这铁壳子做的船,真的能浮在水上吗?"大家问他。

"我也觉得很惊奇,走,我们一起去试一试吧!"李仲揆拿着自己花了好多天才做好的"小轮船",和小伙伴们一起跑到了池塘边。

他弯下腰,轻轻地将船儿放到水面上。

只见那船儿晃晃悠悠地在水面上移动着。李仲揆找来一根树枝将船儿朝前一顶,那船儿就离开岸边,向前"开"去。

"船开啦!船开啦!"大家都欢呼起来。

李仲揆看着远去的小船,心里更是下定了决心:长大了,我要造出我们自己的船来,为国家的富强而努力!

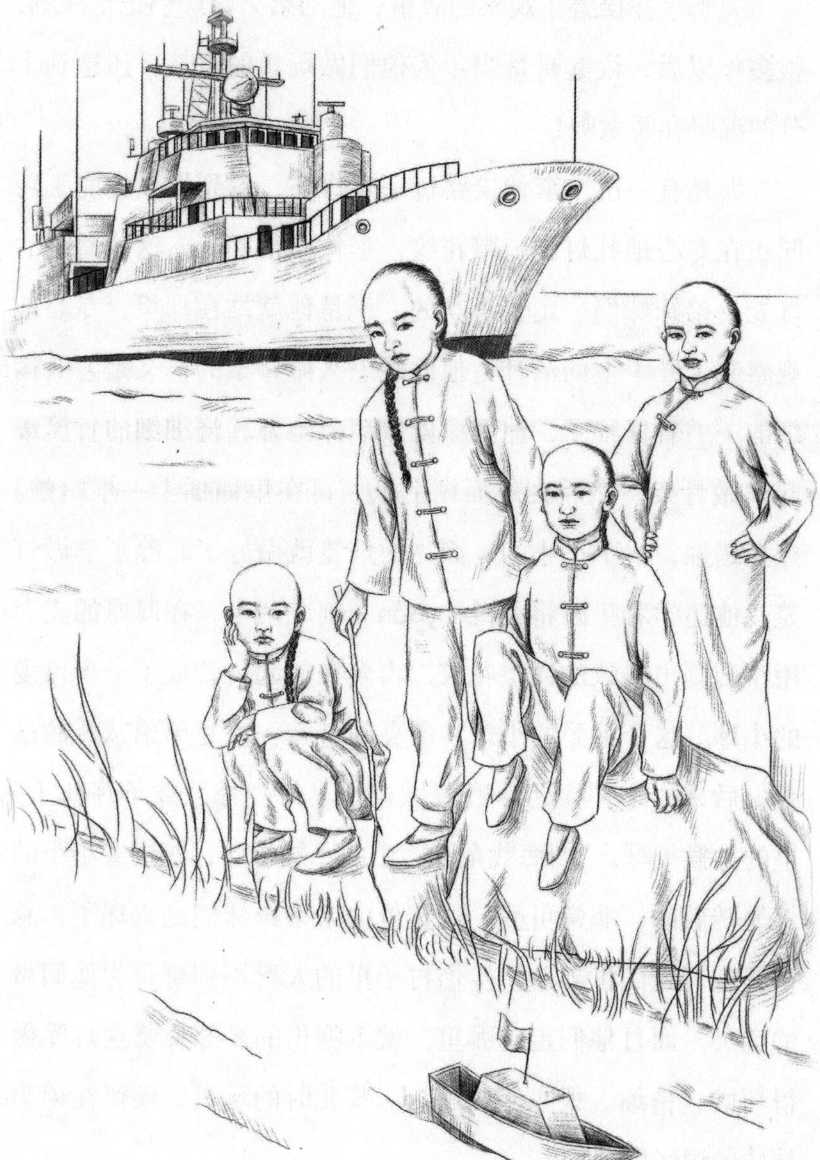

关于李仲揆善于观察的故事，他的弟弟妹妹们记忆深刻，很多年以后，说起哥哥当年为他们做玩具的事情，还感到十分的温暖和骄傲呢！

那是有一次，李仲揆路过一家作坊，看到那里的能工巧匠正在专心地扎灯笼、雕花纹，李仲揆很好奇，这些漂亮的灯笼弟弟妹妹们一定会喜欢的。于是他就站在那里，专心地观察起工匠手上的活计：他们是怎么做骨架的，又是怎么糊纸的……看仔细了，他回家就依葫芦画瓢，将细细的竹篾编起来做骨架，然后在外面糊上纸，再在里面插上一根蜡烛。点亮蜡烛，一个小小的、漂亮的灯笼就做好了。除了学做灯笼，他还学着工匠将香橼（yuán）剖成两半，在厚厚的皮上用小刀刻出精致的镂空花纹，再合在一起，就成了一个可爱的小球。这个可爱的小球和漂亮的灯笼一直是弟弟妹妹的最爱。后来，李仲揆还琢磨着做过走马灯。像"猴子荡秋千"里的小猴子呀，"刘海戏金蟾"中的小蟾蜍呀，都围着小小的灯笼转着圈，非常可爱。这让他的弟弟妹妹们高兴坏了，总是提着灯笼满世界跑，生怕村子里的人看不到哥哥为他们做的宝贝。而且他们走到哪里，就有哪里的乡邻称赞这灯笼做得巧妙、精细。很多年以后，这些儿时的玩具，还留在弟弟妹妹的记忆里呢！

可别小看了这些小小的发现，从一块石头到一艘小轮船，再到一盏会转的灯笼，这些东西里，留下了少年李仲揆的观察和思考，也留下了他对世界、对大自然最初的认识。正是这些种子，经过生根、萌芽，并在以后的日子里不断抽枝、开花、结果，才终于长成了参天大树！

生活中不缺少美，缺少的是发现。我们每天都在经历着同样的生活，有的人却从中发现了很多奥秘，找到了许多开启奥秘的钥匙！其实世界上的很多事情都是这样的，如果我们能始终保持一份旺盛的好奇心，再加上一双善于发现、善于观察的眼睛，那么，我们的生活一定会比现在更有意思，而且，这样一双慧眼，也一定会为我们打开一扇通往成功的天窗。

第三章
不容易的公派生

李仲揆虚岁十四岁那年,正是清朝末年湖广总督张之洞推行洋务的时候,武昌的学堂如火如荼地兴办起来了。

这学堂可是新式事务,不但学的课程里有西式的科学文化知识,诸如数学、物理、化学等,更吸引人的是,被学堂录取的学生,不仅一切费用开销都由官府负担,而且还能得到一些零花钱呢。

这个好消息,当然很快从省城武昌传到了李仲揆的家乡。想到不仅可以学到最先进的文化和知识,而且可以减轻家庭的负担,李仲揆的眼前一亮,心也跟着扑通扑通直跳,他觉得机会来了。

学堂规定的录取年龄是十一到十四岁的学生，他这一年虚岁十四岁，正好还有最后一次机会，如果错过了，也许就再没机会去省城的学堂读书了。

于是，他央求父母，让他去武昌试一下。李仲揆的父亲虽然是教私塾的，但思想却很开放，他看李仲揆聪颖好学，是块读书的料，当然也希望这孩子将来可以学有所长，就一口答应了儿子的要求。

当然，他也知道，湖北的孩子少说也有个上千上万人，听说那学堂只招生五百人，自己的孩子有这个实力吗？

虽然有点儿担心，他还是为儿子凑足了去武昌的路费，鼓励儿子说："要去，就一定要考好！"李仲揆的妈妈还连夜将自己出嫁时的衣裳拆了，缝了件棉袍让李仲揆穿着走。

就这样，带着父亲、母亲的希望和祝福，带上几件简单的换洗衣裳和几本书，李仲揆上路了。

他在长江边上和父亲告别，乘上了去武昌的船。从船上瞭望长江，他看到长江里有许多外国人的轮船和军舰，心里很不是滋味，那些大家伙横冲直撞的，好不威风！这情景，更坚定了他求学的决心。他知道，只有学好本事，将来才可以为报效祖国出一把力。

船到武昌，李仲揆没心思欣赏繁华都市的风光，就直奔学堂的报名处。

来应考的学生可真不少,他打听好了,报考学校先要填一张报名表,于是,他从衣袋里掏出几个铜板,排在了应考的队伍里。

轮到他的时候,学务处发报名表的人看李仲揆的个子比较高,用怀疑的眼光看着他,问道:"几岁啊?"

"十四岁。"李仲揆有点儿胆怯地说。

那人这才收了铜板,将表格交给李仲揆。

李仲揆接过表格,心里多少有点儿紧张,他拿出笔,像是要向那个发表格的人证明什么似的,在表格上写下了"十四"这两个字。

"不好!"才写完,李仲揆就在心里大叫!

原来,他一紧张,把"十四"误填到姓名那一栏了。涂掉吧,肯定不好,会给看表格的老师留下不好的第一印象;再买一份吧,李仲揆摸摸裤兜里的几个铜板,心里又不太舍得。

他歪着脑袋想:这个"十"字,只要在下面加一个"子",倒是可以改成"李",可是,那"四"字,可是和自己的名字"仲揆"差了很多,也不太好改。

总不见得自己的名字就叫成"李四"了?李仲揆这样想着,抬起头来。他看到厅堂上有一块匾额,上面写着"光被

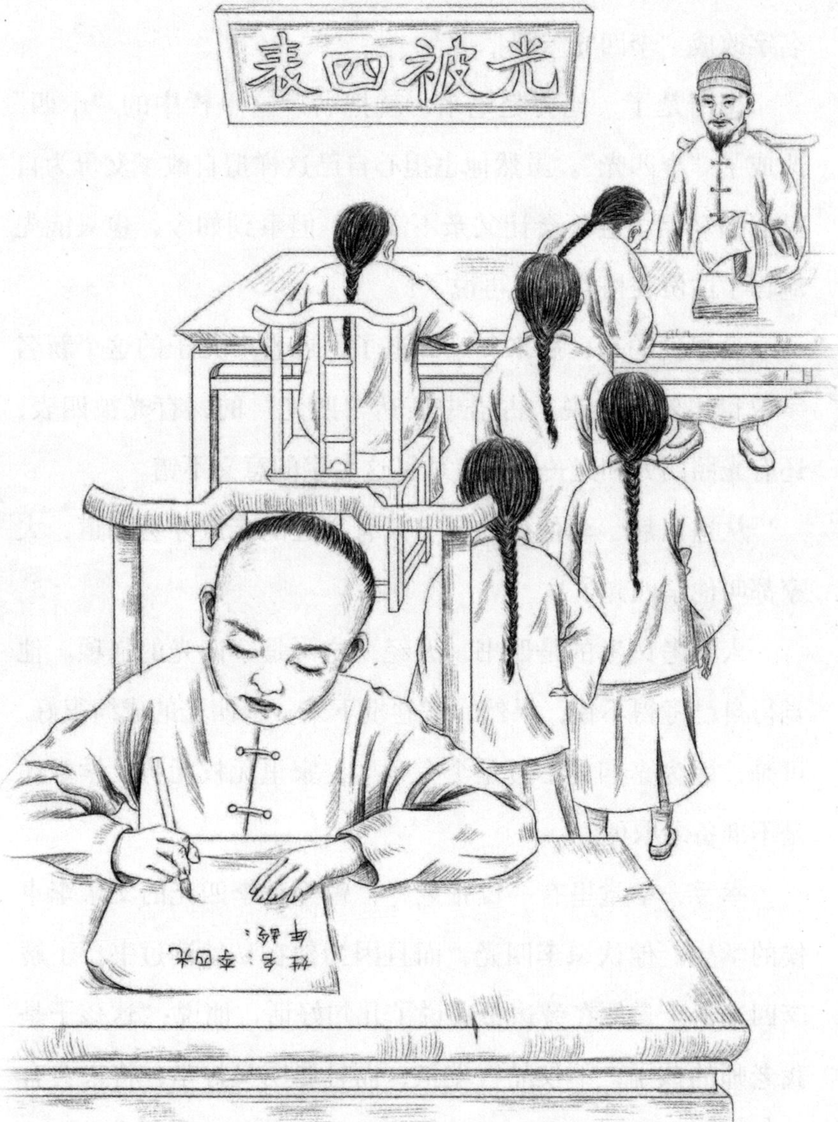
光被四表
姓名：李四光
年龄：

四表"四个大字，对呀，索性再加一个"光"字，把自己的名字改成"李四光"吧！

想清楚了，他提起笔来，就把名字这一栏中的"十四"改成了"李四光"。虽然他也担心自己这样擅自改了父母为自己起的名字，会不会让父亲不高兴，但事到如今，也只能先应付了这份表格，以后再说了！

没想到的是，后来父亲知道了，还直夸儿子的这个新名字改得不错。他说，古语中表达"四光"的，有光被四表，还有光照四方和光芒四射，可见这名字的意义不错。

从这以后，李仲揆的名字只有很近的亲戚才会知道，大家都叫他李四光了！

入学考试考的是四书、五经，这可是李四光的强项。他觉得自己考得不错，果然，考卷批下来，李四光的成绩很好。可是，因为李四光不过是个穷学生，家里无权无势，学堂还是不准备录取他。

幸亏，学堂里有一位张老师，曾经是李四光的父亲李卓侯的学生。他认识李四光，而且因为他在私塾读过书，了解李四光，于是便在旁边帮着说了几句好话，他说："这孩子是我老师的孩子，不仅品行端正，而且聪明又好学，将来会有出息！还是录取他吧。"这样，武昌西路第二高等小学堂才勉强录取了李四光。

发榜的时候，因为成绩好，李四光的名字列在了榜首！

这在李四光的家乡，可是破天荒的第一次。大家都跑来祝贺，给了李四光很多的祝福，希望他好好学习，学好了本事，将来成为国家的栋梁。

李四光深知这个机会来之不易，从进入学堂的第一天起，就相当用心地学习。

这个学堂的条件比私塾自然好了好多倍，房间是敞亮的，连走廊也宽敞明亮，还有专门给学生自习的房间、查阅资料和图书的图书器具室等；开设的课程也很有意思，一共有九门，分别是修身、读经、中文、算数、历史、地理、格物（自然科学）、绘图和体操。学制四年。李四光对自然科学兴趣浓厚，成绩始终保持领先。

那时候，张之洞之所以在武昌办高等小学堂，是为了给朝廷培养人才。他主张"选真材，泽时用"，意思就是要选择优秀的人才，到一定的时候就可以派上用场。所以他颁布了一个规定：凡是在高等小学堂学习的学生，成绩优秀的，可以不受学制的限制，保送到美国、英国、日本等国家去留学。

按学校的章程，每三个月要进行一次考试，从优中选优，然后再将这些优秀的学生送往国外深造。

李四光入学几个月来，已经连续几次拿到了第一名，按照章程，他是可以被送到国外去学习的，可是，又因为他家境贫困，学堂不愿意送他出国。

又过了几个月，李四光的成绩还是保持着第一，可是，出国的优秀学生名单上仍然没有他。明眼人一看，心里明白着呢，名单上那些孩子的成绩，没一个能和李四光相比，可是李四光偏偏始终不在名单之列。

李四光实在想不通。小小的年纪，他已经尝到了不公平的滋味。

想到学校的做法如此不公平，一气之下，他就用罢学回乡作为抵制。

学校方面知道后，非常生气，派人跑到李四光的家里去责问他，还气势汹汹地要求他退回这几个月来的学膳费用和安家费，并且威胁说要开除他。

别说学膳费已经用掉了，就是每个月七两银子的安家费，李四光也早都拿回家补贴家用了，现在怎么还得出？

但李四光并不紧张，他反驳道："学校章程有规定，考第一的学生将被选送到国外去，是真的吗？"

"是呀！"

"那为什么我一直名列前茅，出国名单上却看不到我呢？"

"这个……"来人知道理屈，无话可说了。但即便理屈，学校方面还是要处罚李四光，后来还是幸亏了张老师从中周旋，李四光才得以继续学习。

不过因为这次风波，校方终于应允李四光："愿意出国求学是好事情，本学堂历来秉公办事，只要安心学习，一年后，学校会进行考试，成绩优秀，一定予以考虑"。

好吧，那就考场上见啦！

一年以后，李四光的各门功课果然又考了个第一，这下，学校方面再也找不出推脱的理由了，于是通知李四光，"破格"送他去日本留学。

1904年7月3日，李四光终于被湖北鄂督抚录取为官费留日学生。

在他这一批的学生中，小学堂的学生只有四人，而李四光所在的小学堂，就他一个人！真是好不容易啊！

知道这一好消息，李四光立刻启程，他要尽早赶回家乡黄冈去，让父母亲分享他的快乐，当然，也为马上要离开家乡向父母亲辞行。

左右乡邻得知家乡出了个公派留学生，纷纷跑来祝贺，有乡亲问他："到了日本学什么？"

"我想学工程,学造船!"李四光回答。

六岁那年在长江边上第一次看到大铁壳船的情景又在李四光的眼前浮现,还有去武昌求学的路上,在长江的轮船上,他为自己立下过的报效祖国的志向,如今也在脑海中重现。终于有机会远渡海外,去学习先进的技术和本领,面对这一次好不容易争取来的机会,李四光告诫自己,一定要好好珍惜!

在家乡的那些日子里,乡亲们还热情地邀请他去各家做客。

每家都拿出鱼、肉来招待李四光。其实,乡亲们都不富裕,但为了表达激动的心情,都拿出家里最好的东西款待李四光。

让李四光没想到的是,平时生活俭朴的他,临行时吃了那么多的鱼、肉,还没上船就开始闹不消化。

他告别父母,先是从黄冈坐船到了上海,又从上海乘船去日本。为了节省开销,他乘的是统舱,闷热难忍,晚上在甲板上睡觉,又受了风湿,海上风浪大,船只颠簸得厉害,李四光在船上的时候,又泻又吐,身体十分糟糕。

舟车劳顿,加上本来就有点儿勉强的身体,李四光人还没到日本,倒先病倒了。

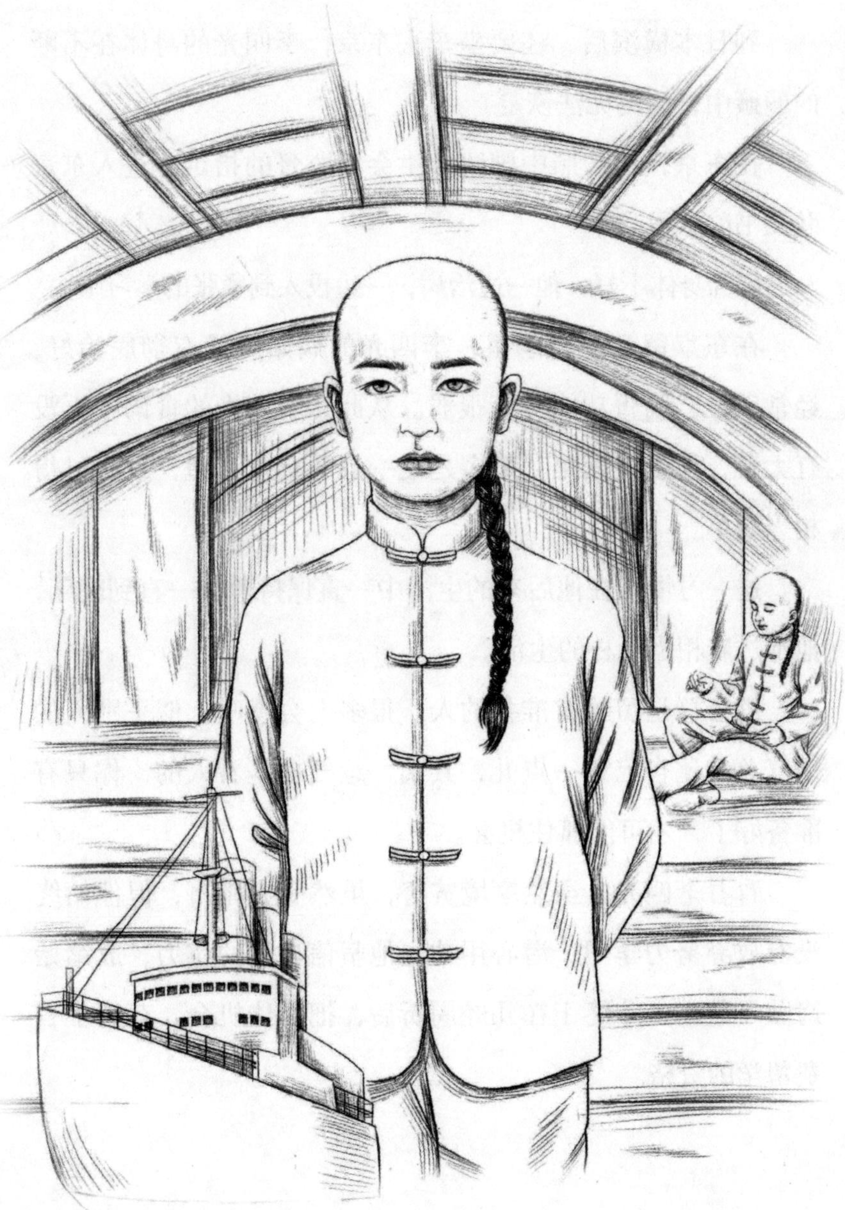

到日本横滨后，还要坐车去东京，李四光的身体在不断的颠簸中，始终无法恢复。

在东京，他按照中国留学生会馆监督的指定，进入东京弘文书院学习。

因为身体不好，他一边治病，一边投入到紧张的学习中去。

在东京留学的日子里，李四光的病始终没有彻底治好，经常复发，肠胃功能一直很弱。从此，李四光的食谱中再没有大荤，他爱吃素菜，最多是吃一点儿鸡蛋和鱼，日子过得相当简单。

这一习惯，在他后来的生活中一直保持着，一直到晚年，他都过着相当俭朴的生活。

机会总是留给有准备的人。很多人会感叹，似乎别人的运气总是比自己好一点儿，其实，运气也是看人的，你只有准备好了，才可能抓住机会。

看看李四光，虽然家境贫穷，虽然受人排挤，但他始终没有放弃努力学习，潜心用功，他坚信自己的实力，成绩始终数一数二，才终于在几经周折后，把握住机会，获得了官费留学的资格。

第四章
同盟会会员

1904年，十五岁的李四光终于进入日本东京的弘文学院，开始了相当于普通中学的学习。他在那里不仅要学习日文，还要学习数理化的课程。

到日本不久，李四光开始接触到比在国内更多的先进的科学文化知识，想到中国正处在水深火热的灾难当中，他在思考，除了要努力学习，用学到的知识报效祖国之外，自己还可以做什么！

当时的日本人，很看不起中国人，特别是中国男人头上的那根辫子，更是成为他们嘲笑的对象。他们骂中国人是"东亚病夫"，说中国人"好吃懒做""智力低下"，还特别耻笑那根小辫子是"猪尾巴"。

很多中国留学生不愿意忍受这样的侮辱，决心剪掉头上的这根辫子。其实，留这根辫子，并不是中国几千年来的传统，而是清王朝强加给中国男人的满族习惯。清政府驻日使馆得知中国留学生要剪掉辫子，非常恐慌。他们用停发官费等办法企图威胁留学生，但很多进步的留学生还是毅然剪掉了这根辫子。

在剪掉辫子的人当中，就有李四光。

到日本的第一年，李四光就勇敢地剪掉了盘在头上的辫子。他用自己的实际行动，来表明自己鲜明的立场，那就是要和清政府的腐朽统治决裂，和日本人的歧视做抗争，并且下定决心用自己的勤奋学习来向日本人证明，中国人绝不是什么"东亚病夫"！

20世纪初，中国大地正处在"甲午战争"失败和八国联军入侵北京城、火烧圆明园的深重危机当中，清政府的没落和腐败让大家非常失望，大家都在思考：用什么来挽救中国呢？

有的说，要走君主立宪，就是走像日本、英国那样保留君主的地位，但不掌握实权的改良之路，像康有为、梁启超等人就办起了刊物，积极鼓吹改良的好处；也有的人宣扬走无政府主义的道路；后来，这些反革命的观点越来越没有市场，更多的人则主张起来革命，推翻腐朽的清政府……

为此，广大的留学生组织起来，成立了各式各样的组织，如同乡会、同学会、励志会、华兴会等。这一方面是因为他们身处异乡，希望联络同乡感情，切磋学习心得，另一方面，也是通过这样的组织，交流思想，探讨救国治国的良方……最初，这些组织暗中活动，后来，力量越来越壮大，逐渐变成公开的组织。

学习之余，李四光和大家一样，也在为中国的未来担忧，也经常跟一帮热血青年一起，参加集会、座谈、听讲演，讨论这个始终萦绕在他脑海里的问题。

就是在这个过程中，他结识了许多追求进步的同学，其中，对他影响最大的，要数宋教仁[①]和马君武。

辛亥革命后，宋教仁参与筹建临时政府，担任南京临时政府法制院院长，参与南北议和，1912年8月改组同盟会为国民党，任代理理事长。他主张"责任内阁"和政党政治，希望以多数党的地位，成立责任内阁，约束袁世凯专权。1913年3月20日，国会召开前夕，被袁世凯派人跟踪，并伺

---

① 宋教仁，湖南桃源人，1882年生，1904年与黄兴、陈天华等在长沙组织华兴会，策动起义未遂后，流亡日本。1905年在日本参加同盟会，任《民报》撰述。

机暗杀，两天后身亡，时年仅三十二岁。

当时，孙中山也在国外积极活动，并在1905年7月来到日本东京，决定在东京成立同盟会。

7月29日傍晚，有朋友找到李四光，告诉正在吃晚饭的李四光一个秘密的消息。

"明天在赤坂区开会，你一定要来。孙中山到了东京，会议是他主持召开的。"

孙中山，这个传奇的名字对李四光来说如雷贯耳。他知道早在1894年，孙中山就组织了中兴会，开始反清革命，他可是大家公认的革命家。如果真的可以追随孙先生，那该多好啊！

李四光决定参加这次会议。

1905年7月30日，李四光和朋友一起，坐上电车来到了赤坂区一个叫松町三番的黑龙会所。想到马上可以见到仰慕已久的孙中山先生，他心里非常激动。

他们来到一幢日式房屋前，大家按照日本人的习惯脱了鞋子，走进一个大房间。房间里已经坐着好些人了，有李四光认识的黄兴、宋教仁、马君武等人，还有很多他不认识的中国留学生，甚至还有几个日本人……陆陆续续地，房间里竟然挤了七十多个人。

会议开始了。孙中山首先发表演讲，痛诉了清政府的专制、独裁和卖国行为，号召大家起来革命，推翻这个腐朽的政权。他说要建立一个中国革命同盟会的组织，并征求大家的意见。

黄兴提议说，目前这个组织还是秘密的，所以组织的名称最好不要出现"革命"这两个字，以方便大家的行动。孙中山表示同意，这个组织就叫作"中国同盟会"。

然后大家非常热烈地讨论了同盟会的章程、纲领和联系暗号。

李四光清晰地记得孙中山满怀信心地表达了对同盟会组织的厚望，他说，同盟会既然是革命政党，就要看得远，要将种族、政治、社会三大革命，"毕其功于一役"。他还解释了联系暗号。

这个联系暗号有三组问答：

问："何处人？"

答："汉人。"

问："何物？"

答："中国物。"

再问："何事？"

再答："天下事！"

如果三个问题都答对了,就可以看作同盟会的会员,就可以彼此信任。其实,仅靠这样简单的三组问答来对暗号,也未免太简单了些。

接下来,大家填写了盟书。李四光在盟书上写道:

> 联盟人湖北省黄州府黄冈县李四光,当天发誓:驱除鞑虏,恢复中华,创立民国,平均地权。失信失忠,有始有卒。如或渝此,任众处罚。
>
> 天运己巳年七月三十日
> 中国同盟会会员李四光

最后,大家还举行了同盟会会员宣誓加盟仪式。

引领他们宣誓的就是孙中山先生。孙先生念一句,李四光跟一句。

宣誓完毕,孙中山看李四光长得很小,就关切地问他多大了。当得知李四光十六岁,是当天参加会议的同盟会会员中年龄最小的一个,孙先生非常高兴。他摸着李四光的头亲切地说:"你年纪这么小就参加革命,很好,有志气,你要'努力向学,蔚为国用'。"

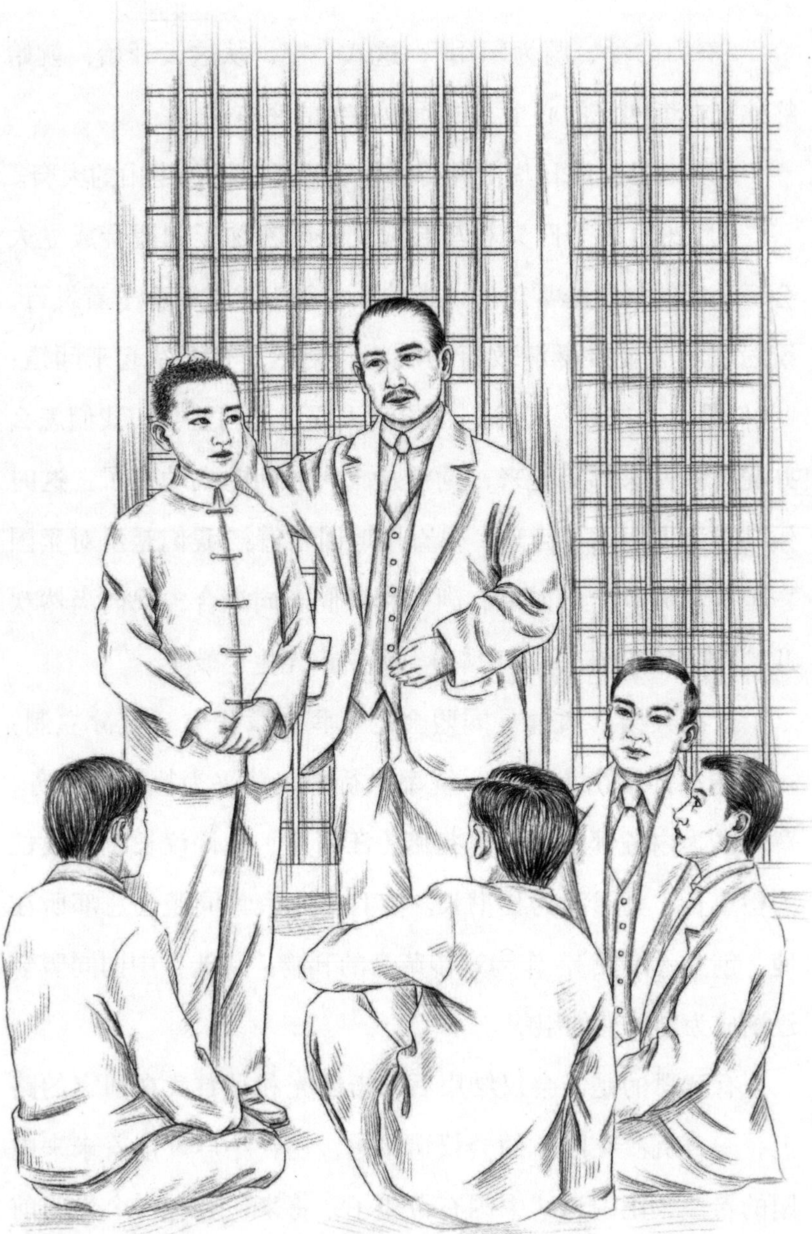

"努力向学，蔚为国用"，这八个字，从这天开始，就始终铭记在李四光的心里，成为他一生的座右铭。

8月13日，旅日华侨和留学生召开了欢迎孙中山的大会。

8月20日，李四光和马君武又一起参加了同盟会成立大会。会场的气氛非常热烈，来的人也很多，大家都争着发言，纷纷表示了要推翻清政府的决心。突然，有人站起来问道："我们是要'排满'革命，如果满人要参加同盟会，我们怎么办呢？"大家都笑起来，觉得这个人的问题太幼稚了。这时候马君武先生站了起来，很直接地回答道："我们是反对卖国亡国的满洲政府，如果有满人和我们志同道合，我们当然欢迎。"这句话赢来了一片掌声，孙中山先生也鼓掌。

这次大会，通过了同盟会的章程，章程取三权分立制：一致选举孙中山为总理，统率执行部，黄兴为执行部庶务，章炳麟为内务部部长，汪兆铭（汪精卫）为评议长，宋教仁为检事长，马君武为秘书长。定日本东京为同盟会总部所在地，创办《民报》，作为宣传革命的刊物。从此，中国同盟会逐渐成为全国性的组织。

有意思的是，会议结束后，李四光和马君武在回家的路上，一直沉浸在刚才的会议情绪中，还在小声议论着未来中国的希望，正说道"中国有希望了，将来，会有一个光明前途"时，迎面碰到清朝政府派来监视留学生的湖北留学生监督李宝。他气势汹汹地质问道："你们小孩子不读书，在外面干些什么，我可都知道，再也不许你们胡闹！"两个人不吭声，转身就走，走出了那人的视线。李四光和马君武开了个玩笑，说："你去请他加入好不好？"这个玩笑引得马君武哈哈大笑。

加入同盟会后，李四光更知道了学习文化和关心国家大事都是自己的职责。他牢记孙中山先生的"努力向学，蔚为国用"的勉励。

他逐渐懂得了一个国家要富强起来，一是要靠革命来推翻一个腐朽没落的旧政府，二是要靠自己的双手建立强大的实业和工业，要建工厂、矿山、轮船和铁路，而这一切，都需要先进的科学技术，他渴望通过努力学习，将来为祖国做出自己的贡献！

"努力向学，蔚为国用"成为李四光先生一生的座右铭，在他碰到困难，遭遇问题时，这句话是鼓励他不断向前攀登的动力和向导。

第五章
求学之路

加入同盟会后,李四光一方面在弘文学院读书,另一方面积极投入到革命的队伍中去,参加了很多的活动。

但是,没多久,同盟会的活动受到了清政府的严厉反对和打击。他们与日本文部省勾结起来,颁布第十九号命令,阻碍学生参加活动,清政府还采取了镇压和利诱等政策企图阻挠留学生的爱国行动。

有的留学生回国以示抗争,有的同学在当地用罢课来表示反抗。

经过不断的争斗,1907年,未回国的留学生按照孙中山的来电,开始复课。

同年7月,李四光从弘文学院毕业,在

选择今后的发展方向时，李四光想起了从小的志向，他决定报考大阪工业学院，学习造船。

童年时代，李四光和父亲一起在长江边上看到的情景一直萦绕在他的心头，那些外国军舰在长江上横冲直撞，耀武扬威的样子，成为他心头始终的隐痛，也就是从那个时候起，他下定决心要学造船。

所以，留学之初，他就立下了学造船，将来让中国也可以造出铁壳大船的志向。

李四光的刻苦无人可比，他花费了许多时间来准备考试，终于如愿以偿，以优异的成绩被大阪工业学院录取。他选择了泊用机关科（造船专业）当作自己的专业，在当年造船业所招收的十九人当中，只有李四光一个中国人。

进入学院之后，新鲜而又繁重的学习扑面而来，李四光又是紧张又是兴奋。他渴望学习更多的知识，几乎不愿意浪费哪怕一点点的宝贵时间。

正在这时，从李四光的家乡传来了他父亲被迫逃亡的消息。父亲的逃亡，必定会给家庭的经济带来窘迫。为了尽可能多地寄钱回家贴补家用，李四光在生活上更加勤俭了。他经常不去食堂吃饭，而是在晚上将买来的米放入暖瓶中，灌上开水，闷上一夜……这暖瓶中的食物就成了他第二天一天的伙食。

虽然在生活上尽可能地简便,但在学习上,李四光却丝毫不放松自己。他把每天的课程排得满满的,空余的时间也全部用于学业,哪怕是到了休息日,也不懈怠。

一到休息日,日本学生都到附近的名胜古迹游玩去了,有的还跑来邀请李四光一起去欣赏名胜,顺便休息休息,但都一次次被李四光婉言拒绝了。

他知道,自己的基础比较差,在国内只念了几年的小学堂,到日本留学后,也只在弘文学院读了几年书,要想学得好,必须付出比别人更多的力气和精力。

第一学年的课程特别多,有数学、物理、化学、力学、材料力学、船舶机械、制图、机械加工、英语等,许多是李四光从来没有接触过的课程。

面对新鲜的知识和先进的科技,李四光非常兴奋。想到只有掌握了这些知识和学问,将来才能为国家的强大做贡献,他把每天的时间都安排得井然有序,听课、作业、钻研,特别是对几门重点课程,更是花费了很多精力去研究……

在大阪工业学院学习期间,有一年暑假,好久没有回国的李四光决定回一趟家乡。阔别多年,李四光的到来,轰动了家乡。这个大多数人连家门也没有走出去过的小县城,忽然跑回来一个留洋的学生，大家想要问的问题实在是太多了。

李四光带回家许多新鲜的东西，像各种新鲜的图片呀、标本呀、矿石呀什么的，他不断地给大家讲解着在日本看到的新鲜事物，他指着图片告诉乡亲们什么是汽车、火车，什么是电灯和电话，还有那些奇怪的机器……

乡亲们几乎把李四光的家围了个水泄不通。他们在李四光的讲解下，脸上有了笑容，内心丰富了，也对未来有了期待。李四光在家乡待了几天后，就发现了一些问题。

其中最突出的，就是水的问题。从小就善于观察的李四光，回来没几天就感觉到在他的家乡，饮水确实是有问题的。

在那时的农村，大家要用水，习惯的做法是跑去池塘挑水。可是，谁也没有想过，池塘里的水下长着莲藕，水面上游着鸭子，水底下有小鱼在欢快地追逐着；这边，刚刚犁好地的牛儿在池塘里洗澡，一群孩子就在旁边尽情地戏耍着；那边，人们在洗菜、淘米或刷着马桶……这样的水，会干净吗？如果大家挑上的都是这样的水，然后就喝进肚子里，也就把细菌和脏东西都喝进了肚子里，不是很容易得病吗？

如果挖一口井，就可以让村民们喝上干净的地下水，问题就可以解决了。

说干就干！

李四光找到屋后的一片竹林地，决定在那里挖井。

他想，竹子能长得这么好，下面一定有水。他一连干了几天，才慢慢挖出一个大窟窿。越挖越深了，可是却没有看到水，地底下的土地是湿润的，但汩汩的流水却始终冒不出来，到后来，看看肯定没希望了，李四光只好放弃了。

过了好几年，李四光才明白，自己当时没有学过地质，不知道地下水的分布，哪里能这么方便就挖好一口井呢！

井没有挖成，但村民的饮水问题还是要想办法解决。李四光决定另想办法。

他从小镇上买来两口大缸，然后在大缸的下面轻轻凿出一些小洞，并且在大缸里放上许多干净的石头和沙子，再铺上一层细细的白布，等这些都做好了，李四光在大缸的小洞边放上一个小缸，然后开始请人挑了池塘里的水倒进大缸里。

没过多久，一股细细的、清澈的水流从大缸的小洞里流了出来，流到了候在那里的小缸里。真是很有意思，那些水变得非常干净，可以清晰地照出人的倒影来。乡亲们都好奇极了，纷纷询问李四光对水缸施了什么魔法。

李四光笑了，他告诉大家，他用的是过滤法，就是用那些石头、沙子和白布，将水里的脏东西一层层地过滤了，所以，流进小缸的水就干净了。

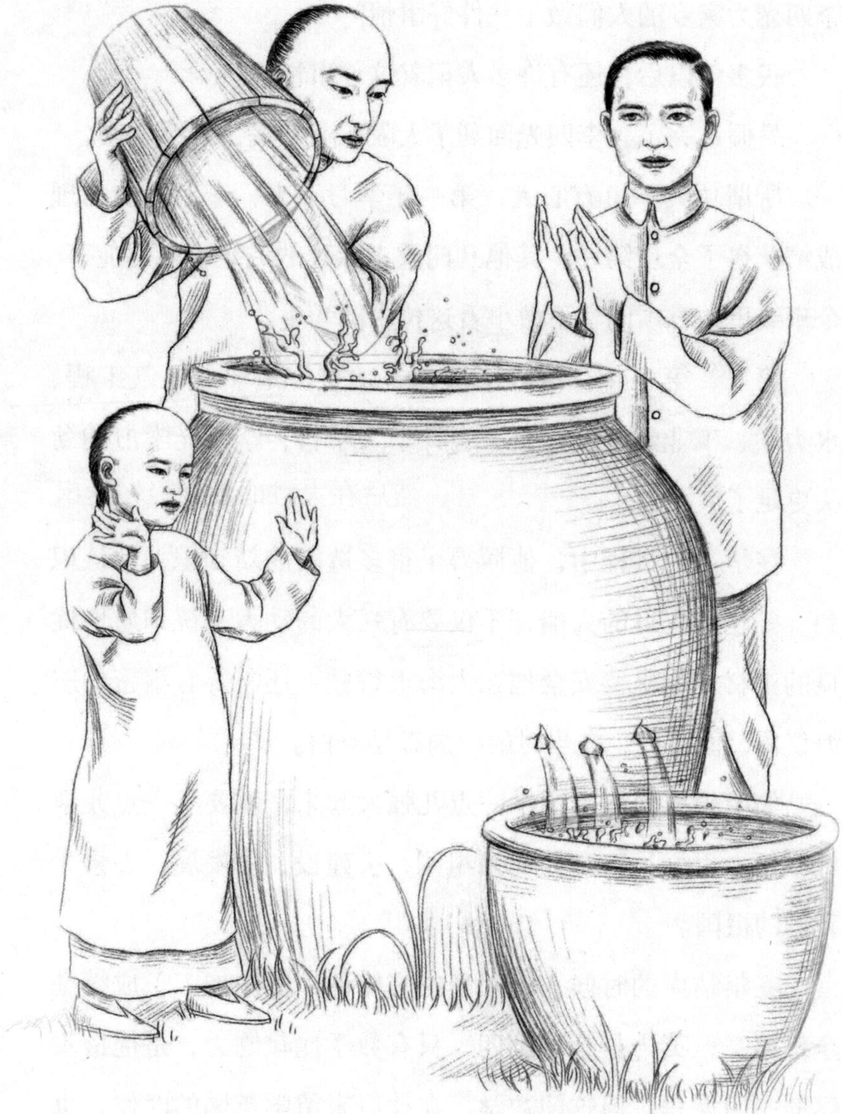

这个办法不但简单易学，而且不用花什么钱，大家都说，李四光为家乡的人们做了一件好事情。

很多年以后，还有许多人记着这件事情呢！

暑假过完了，李四光回到了大阪工业学院，继续学业。

所谓功夫不负有心人，第一年学习下来，李四光的物理成绩获得了全班第一，其他几门重点课程的成绩也名列前茅，令班级里的日本同学不敢小看这位中国学生。

第二、第三年，课程上又加了冶金、造船、电气工程、水力学、工业经济、建筑、会计学等学科，李四光学习的劲头更足了。

在学习的过程中，他懂得了很多造船的新知识，他认识到，要建造先进的大船，不仅要有强大的动力系统和质地优良的钢材，如果要安全地在大海上行驶，还需要有精密的航海仪器，而这些，在当时的中国都是空白。

如果想要使得祖国早一点儿强大起来，就要早一点儿学好本领，也好早一点儿回到祖国，去建设、去发展、去强大我们的祖国。

三年结束的时候，李四光的实修课（机械加工）成绩是全班第二，英语是全班第四，只有数学比较吃力，是他最头疼的一门课程。但这门数学，在他后来留学英国的时候，也终于被他攻克了。

1910年7月10日,李四光从大阪工业学院毕业。

李四光对家乡的人民充满了感情,他用自己的智慧、善良和用心,回报家乡。这种感情,体现出了李四光对生他养他的土地和家乡的厚爱。爱亲人、爱家乡,是爱国的基础,正是这种可贵的感情,让李四光在后来的日子里将毕生的心血都献给了祖国,这种深厚的感情,值得我们好好学习。

第六章
在英国立下一生的志向——辞官学地质

经过三年的学习，从大阪工业学院毕业的李四光一心想着祖国，想着要将学到的知识用到实践中去，所以，几乎没有任何耽搁，他在第一时间回到了家乡。

当时的清朝政府规定，公派留学生回国后，要去北京参加一次考试，并且要为官府当五年的教员。

李四光以时间来不及为理由，没有去北京参加考试，而是听从安排，被派到湖北武昌昙花林的一个叫湖北中等工业学堂的学校做老师。

当时的湖北中等工业学堂，是湖北省唯

一的工业学校,开办才三年,学生不多,老师也少得可怜。学校要他负责实习工厂,又因为他精通日语,同时还请他为一位日本老师做翻译。

李四光在日本的时候,就对机械制造有浓厚的兴趣。每次去工厂实习,他都非常认真,成绩也很好,如今正可以派上用场,他觉得学到的知识有了用武之地。他仔细检查了工厂的几个车间,如木模、翻砂、打磨等车间,还制定了一套规章制度,从管理、教学和实践等几个方面严格要求学生。

虽然李四光在工作上得心应手,可是,1910年的时局却很不稳定,清朝政府的腐败和残暴统治引起了民众普遍的愤慨,反抗斗争以各种形式风起云涌,根本容不得李四光静下心来好好做学问。

这期间,他不断接触到一些革命党人,逐渐意识到,只有联合起来推翻这个腐朽的政府,中国才有希望。

从1910年到1911年的一年间,李四光和大家一起投入到了反清的斗争中去。1911年夏末,就在他为发动武装起义而奔波的时候,他接到了清政府催促他去参加北京考试的通知。为了不引起清政府的怀疑,他在9月2日前赶到北京,参加了清政府举行的第六次"庭试"。

考试可是李四光的强项。10月4日发榜的时候,李四光的名字被列在了"最优等"的五十七个人之中，取得了"工科进士"的称号。

后来才知道，这次考试竟然是封建社会最后一次进士[①]考试呢！

当然，李四光对此完全不屑一顾。

他关心着武昌起义的事情，当听说10月10日武昌起义，经过一个夜晚的激战，士兵们已经占领了武昌全镇时，他再也没心思待在北京了。他趁着夜色，离开北京，辗转天津、上海，终于回到了武昌。

武昌起义之后，全国各地纷纷响应，发动了武装起义，清朝政府眼看就要灭亡了。

1911年11月25日，孙中山先生来到上海，然后在12月29日由十七个省的代表举行的临时大总统选举中，以十六票的绝对优势被推举为临时大总统。

1912年1月1日，孙中山先生在南京郑重宣布了"中华民国"的成立。

"中华民国"成立之初，百废待举，李四光担任了南京临

---

①进士，中国古代科举制度中，通过最后一级考试者，称为进士。是古代科举殿试及第者之称。意为可以进授爵位之人。据统计，在我国一千三百多年的科举制度史上，考中进士的有将近十万人。古代许多著名诗人都是进士，如唐代的贺知章、韩愈、白居易、柳宗元、杜牧等，宋代的范仲淹、欧阳修、司马光、王安石、苏轼等。

时政府驻汉口建筑筹备员，还担任了湖北军政府实业部部长等职。他大力整顿工厂，建立农事试验场，茶叶教习所，制革厂、造砖厂等工厂，还兴办了矿山和商场等，整天奔波，非常辛苦……

令李四光没有想到的是，辛亥革命的胜利果实被袁世凯篡夺了。一批清朝官员通过种种途径摇身一变，又成了高官，官场重新变得乌烟瘴气，想要办实业越来越难。那些官员只知道保住自己的官职，胡吃海喝的，却不肯为实业振兴拨一点儿款。

李四光失望了。1912年7月，他以"财政奇绌，办事棘手"为理由，要求辞职。这样的理由仍然没有引起官员的重视，他们表面上挽留他，到年底的时候，李四光却收到了袁世凯的一纸"准免本官"的罢免书。

一心想用学到的知识为国家效劳，如今却看不到中国的出路，李四光的心情十分郁闷。他听说有一批和他遭遇相同的人，正在打报告要求总统府派遣他们出国留学，便马上也提出了申请。

在后来回忆自己第二次出国的经历时，李四光说，知道自己"力量不够，造反不成，一肚子晦气，计算年龄还不太大，不如再读书十年，准备一分力量"。

1913年3月20日，宋教仁在上海火车站被袁世凯派人刺杀。这个消息让李四光感到震惊，也让他进一步看清了袁世凯的真面目。他放下正在积极准备的出国事宜，参加了由孙中山领导的"二次革命"。但不到两个月，革命以失败告终，孙中山先生被迫流亡日本。李四光下定决心，在这一年的秋天第二次踏上了出国留学的道路。

　　这一年，他二十四岁。这一次，他去了英国。

　　到英国学什么？这个问题李四光早就开始考虑了。

　　李四光在国内那几年，做过教员，办过实业，他深刻意识到，矿产资源是所有实业的基础，只有找到能源，才有可能发展祖国的工业。

　　所以，这一次来到英国，他下定决心要学习采矿。

　　当时的英国，有三所大学有采矿专业，李四光选择了学费最便宜的伯明翰大学。他知道剑桥大学和牛津大学也许更出色，但考虑到学费的问题，他还是选择了伯明翰大学。

　　刚进大学，摆在李四光面前的第一大难题就是语言。在日本的时候，他学过英语，可是到了英国才知道，如果不能开口，那就不算会英语。

　　因为英语不好，他吃过不少亏。才到英国的时候，他去餐馆吃饭，却无法与侍者沟通。有一次，李四光只好选择他

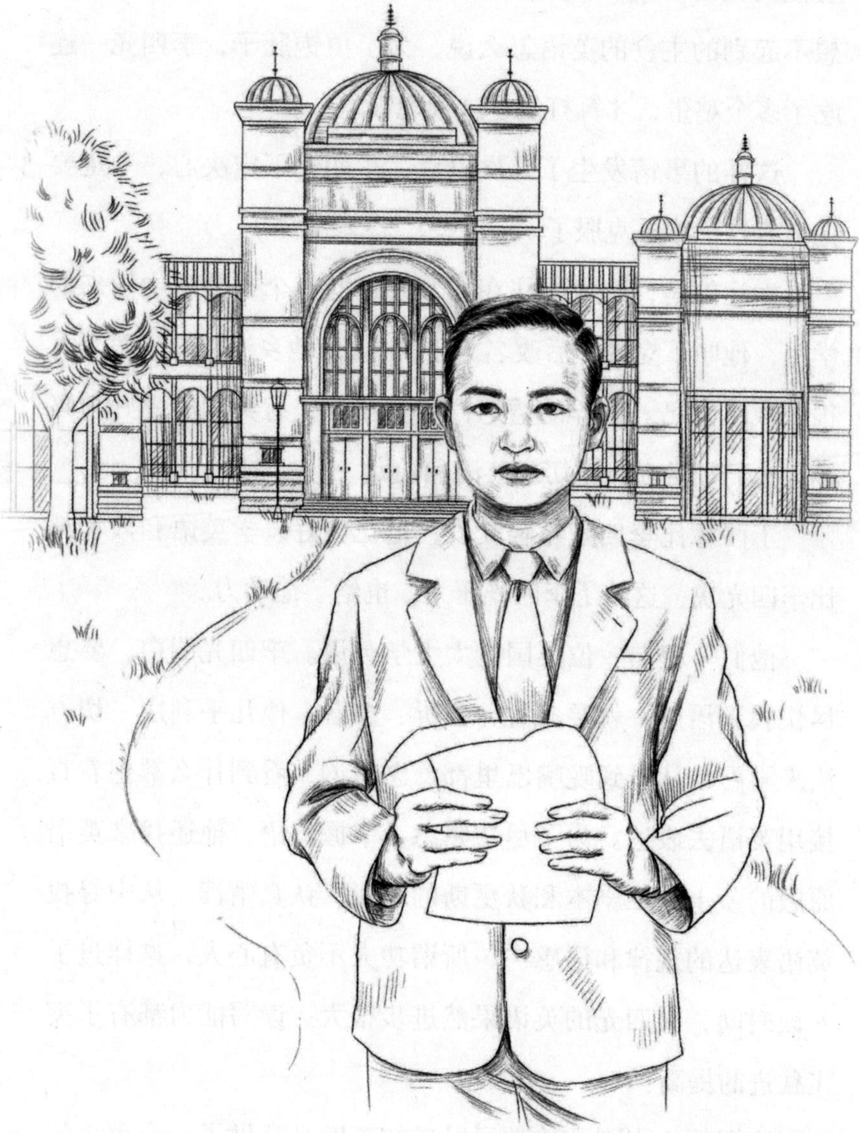

会说的英语"egg（鸡蛋）"来吃，吃完了一个鸡蛋，他还是想不起别的主食的英语怎么说，为了填饱肚子，李四光一连吃了多个鸡蛋，才算打发了这顿晚饭。

这样的事情发生了几次以后，李四光下定决心，一定要把语言这个难关克服了。

幸运的是，和他同住在一个公寓的有个也是从中国来的学生，他叫丁燮林（后改名为丁西林）。他乡遇故知，两个人很快成了知己。同样的遭遇，加上彼此又有共同的爱好和兴趣，他们经常在一起切磋英语和功课。

丁西林比李四光年轻几岁，记忆力好，学英语和数学都比李四光快，这给了李四光压力，也给了他动力。

他们一起向一位英国老太太学英语。李四光明白，要想尽快找到语感，就要多说、多听、多看，他几乎利用一切方法来学习，从早到晚嘴巴里都念念有词，看到什么都想着直接用英语去表达。为了尽快熟悉、掌握英语，他还找来英语原版的莎士比亚剧本和狄更斯的小说，认真啃读，从中寻找英语表达的规律和语感……所谓功夫不负有心人，这样过了一段时间，李四光的英语果然进步很大，读写能力都有了突飞猛进的提高！

这期间，刚刚开始学习采矿的李四光又做了一个重大的决定。

这个决定，改变了他的人生走向。

他决定学地质。

正是在学习采矿的过程中，李四光意识到地质学的重要性。

地质学，是一门研究地球、地质的组成和变化的科学，它的内容非常广泛，包括构造地质学、矿物学、岩石学、历史地质学、古生物学、海洋地质学等学科，是一门和石头打交道的科学。

当时的中国，地质学还处于起步和萌芽阶段，没有专门的队伍，也缺乏广泛的研究和考察，所以，对于中国广大的地表之下到底蕴藏着怎样丰富的矿藏，又有怎样的地质构造等，大家还很不清楚。

因为不清楚，采矿就是一句空谈。李四光意识到，想要在中国大地上采到丰富的矿产，就要以地质学为基础。

这个决定，可以说是李四光一生中最为重要的决定。正是这个决定，使得中国有了一位杰出的科学家。

转到地质系后，李四光马上得到了地质系很多教授的赞赏。他的专心致志，他的刻苦精神，使得教授们都很喜欢他。地质系的包尔顿教授、威尔士教授和卢教授都是他经常请教的老师,他们也对这个聪明好学的中国留学生特别钟爱,喜欢和他一起探讨问题,传授经验,师生之间非常融洽。

在英国的学习还不到一年,正当李四光发奋学习的时候,1914年8月,第一次世界大战爆发了。

战争给英国带来了很大的影响,像伯明翰这样的内地城市也受到了影响。很多年轻人被征召入伍,许多工厂改成了军工厂,日需品供不应求,物价飞涨,日常生活变得艰难起来。

很快,暑假来临了。正在为生计烦恼的李四光听包尔顿教授说附近的煤矿缺少劳动力,马上就去那里当了临时工。

他觉得这是一个一举两得的好机会。一来可以解决生活来源的问题,再来也可以好好探究一下煤矿的构成,研究矿井深处的煤层构成。

去矿井下工作,不但辛苦,而且也很危险。那个暑假,李四光每天早早起来,穿好矿服,戴上矿灯,下到几百米以下的矿井中采煤,条件艰苦,气味难闻,劳动强度也非常大。但李四光和别的矿工不一样,他是带着许多问题和疑惑来的,他要将课堂上学到的知识到实践中来做一次真正的检验。所以,他特别仔细,不放过一点儿可以观察和研究的机会。

看到黑黝黝的煤炭通过自己的手被采挖出来,李四光的

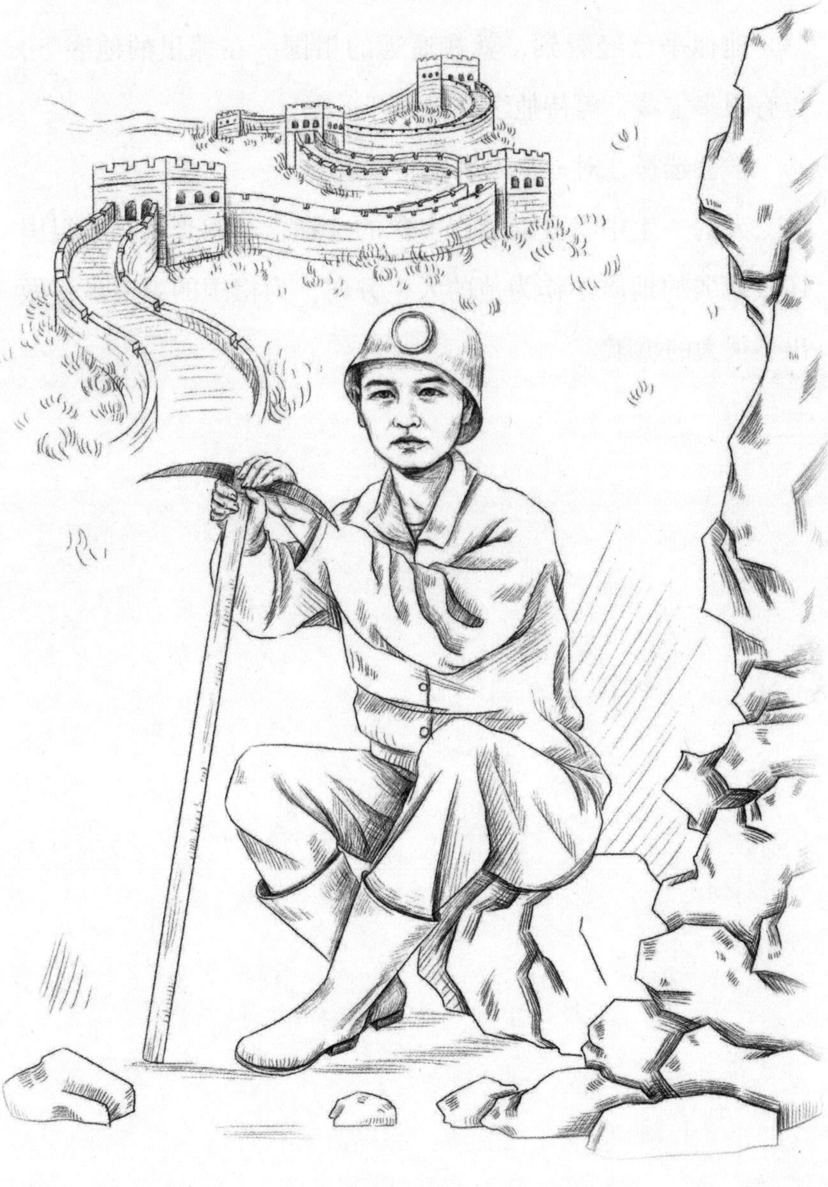

内心激动极了。他遥望远方,寄托着自己的期待和愿望。

他似乎已经看到,就在遥远的祖国,在那里的地底下,也有很多宝藏,等待他学成回去开采呢!

学会选择,对一个人来说非常重要。

人的一生中将会面临许多次的选择,李四光选择了祖国还很薄弱的地质学作为他的人生方向,为祖国的繁荣昌盛做出了很大的贡献。

第七章
温暖之家

　　李四光在伯明翰大学学习期间，伯明翰大学的教授们都很喜欢李四光严谨的学习作风，很想在他毕业后把他留在身边。包尔顿教授就曾经提议，想让他继续从事研究工作，攻读博士学位，经费都不用他操心。包尔顿教授担心他不愿意接受，还许诺也可以介绍他作为英国政府的雇员到印度去参加实际工作。但李四光一心想开发祖国的地下宝藏，为中国的地质事业做一点儿贡献，他婉言谢绝了老师们的好意，选择了回到祖国的怀抱。

　　事有凑巧，当时担任中国地质调查所所长的丁文江先生恰巧在巴黎，他得知了李四光的情况后，就特地到伯明翰大学找到李四光,说明了国内目前急需地质人才的情况,希望李四光能考虑去北京大学任教。

在这之前,丁文江所长曾经考察过北京地质系毕业生的情况,对他们的成绩忧心忡忡,也为此专门找过北大校长蔡元培,希望他重视地质系的师资力量。因此,他得到李四光一定的允诺后,回到北京就去找蔡元培,推荐李四光担任地质系的教授。

蔡元培第一次听丁文江说到地质系的师资问题时,就曾经托人物色合适人才,当时就有人推荐过李四光,此次见丁文江也说到李四光,当即决定接受丁文江的建议,聘任李四光来北京大学地质系任教授,主讲岩石学等课程,他说干就干,随即发出了聘请电报。

当时,李四光正在欧洲考察。他去了阿尔卑斯山的主峰勃朗峰,考察那里的现代冰川以及地貌形态;他又深入到莱茵谷地,考察有关矿山和地质构造;他还去了德国柏林等地。也就是在他考察的时候,收到了由伦敦转来的北大校长蔡元培的聘请电报。李四光询问了一些北京大学地质系的情况,当即决定接受聘请。

1919年秋末,李四光回到中国,在北京大学开始了执教生涯。

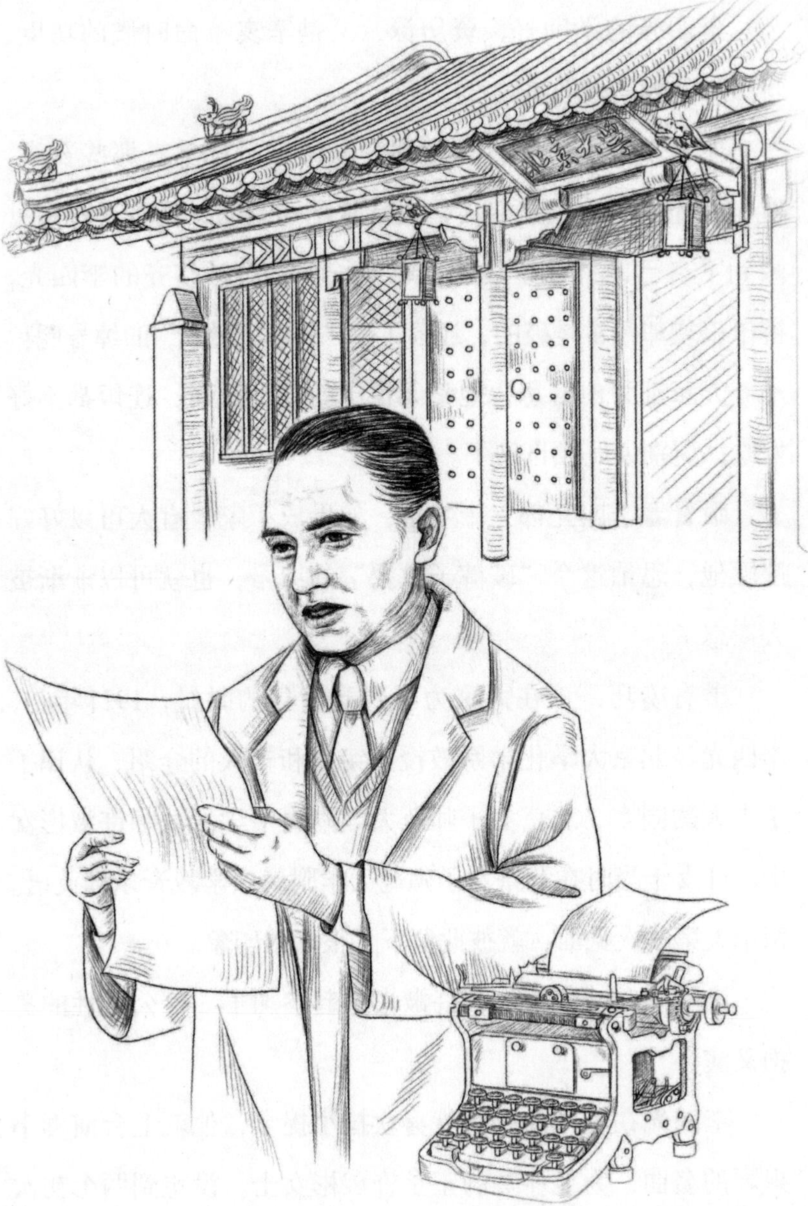
北京大学

李四光的学问好，资历深，又是辛亥革命时候的功臣，自然得到大家的敬重。

他时常带着大家外出考察，采集岩石标本。那些石头，对李四光来说，全是宝贝，他常常不经意间，就将这些宝贝藏到了自己的裤子口袋里，时间长了，衣衫整齐的李四光，裤子口袋却经常是破的，还落了个"破裤子教授"的绰号呢！

大家都为他着急，他整天忙于教学、科研，连饭都不好好吃，更别说照顾自己了。

眼看着李四光都三十岁了，如果成了家，有人可以好好照顾他，恐怕这个"破裤子教授"的绰号，也就可以渐渐被人遗忘了。

事有凑巧，正在大家为李四光着急的时候，1921年初，李四光经北京大学化学系教授丁绪贤和夫人的介绍，认识了丁夫人的同乡，北京女子师范大学附属中学的教师许淑彬女士。许女士当时在北京女子师范大学附属中学教音乐和英语。两个人第一次见面，就彼此留下了很好的印象。

没隔多久，李四光和许淑彬一起参加了一个公益性的募捐义演。

李四光在英国的时候就喜欢拉小提琴，他就上台演奏小提琴的名曲，为他伴奏的正是许淑彬女士。没想到两个初次合作的人，像是早就合作过一般，配合得相当默契。

李四光聚精会神地沉浸在小提琴名曲的旋律中，而许淑彬的伴奏和谐、贴切，非常流畅，赢得了观众热烈的掌声。

共同的爱好，将两个人的距离拉得更近了。这之后，两个人经常在一起合奏一首曲目，音乐优美的旋律，将两颗心灵紧紧联系在一起，谈得来的话题，加上和谐的相处，使得李四光和许淑彬两个年轻人之间更加亲密了。

李四光工作忙，业余又经常外出考察，他就用信来表达自己的情感。经过两年的交往，两个人之间的感情已经很深厚了。

但李四光却一直没有勇气求婚。他就将自己与许淑彬的交往以及自己的心事写信告诉了远在家乡的父亲。知子莫如父啊，父亲自然明白儿子的心思，从信中也可以感觉到，许淑彬是一位通情达理、贤惠的女士，父亲就在一次给儿子的回信中写道："你既然和某人相识了两年，互相都很了解，你已经三十多岁了，如果她家中同意，就订婚吧！"

李四光收到父亲的来信，内心非常开心，他想了个很巧妙的办法，把父亲的信连同自己的信，一起寄给了许淑彬，以此表达自己的爱慕之心。

许淑彬当然明白了李四光的意思，当时，许淑彬的父亲已经去世，她就向母亲表述了李四光的意思，没想到母亲并未反对，可当哥哥的听说李四光家境贫穷，又只是个教授——那时政府经常克扣工资——怕妹妹跟着李四光会过苦日子，不同意这门亲事。

但许淑彬的母亲却看重李四光人品好，善良好学，为人厚道，对工作踏踏实实，感觉到他是一个好青年，很通情达理地同意了这门亲事。

1923年1月14日，是北京最冷的三九寒冬，但这一天对李四光和许淑彬来说，却是个令人温暖的日子，因为这一天是他们两个结为连理的好日子。

简单的房间里，因为有新人的笑容和朋友的祝贺，显得非常温馨。蔡元培校长亲自赶来做他们的证婚人。北大同事丁西林、王世杰等，地质界的翁文灏、丁文江等好朋友也来为他们庆贺。婚礼是俭朴的，却不失庄严和美好。

就这样，李四光在北京大学任教期间，终于有了一个温暖的家。

结婚后不久，许淑彬就怀孕了。

她自然希望丈夫能经常陪伴在身边，可是，李四光却把精力都花在教学和科研上，每天都要到晚上九十点才回家，回了家也总是一头钻进房间继续读书、写作，连吃饭也要夫

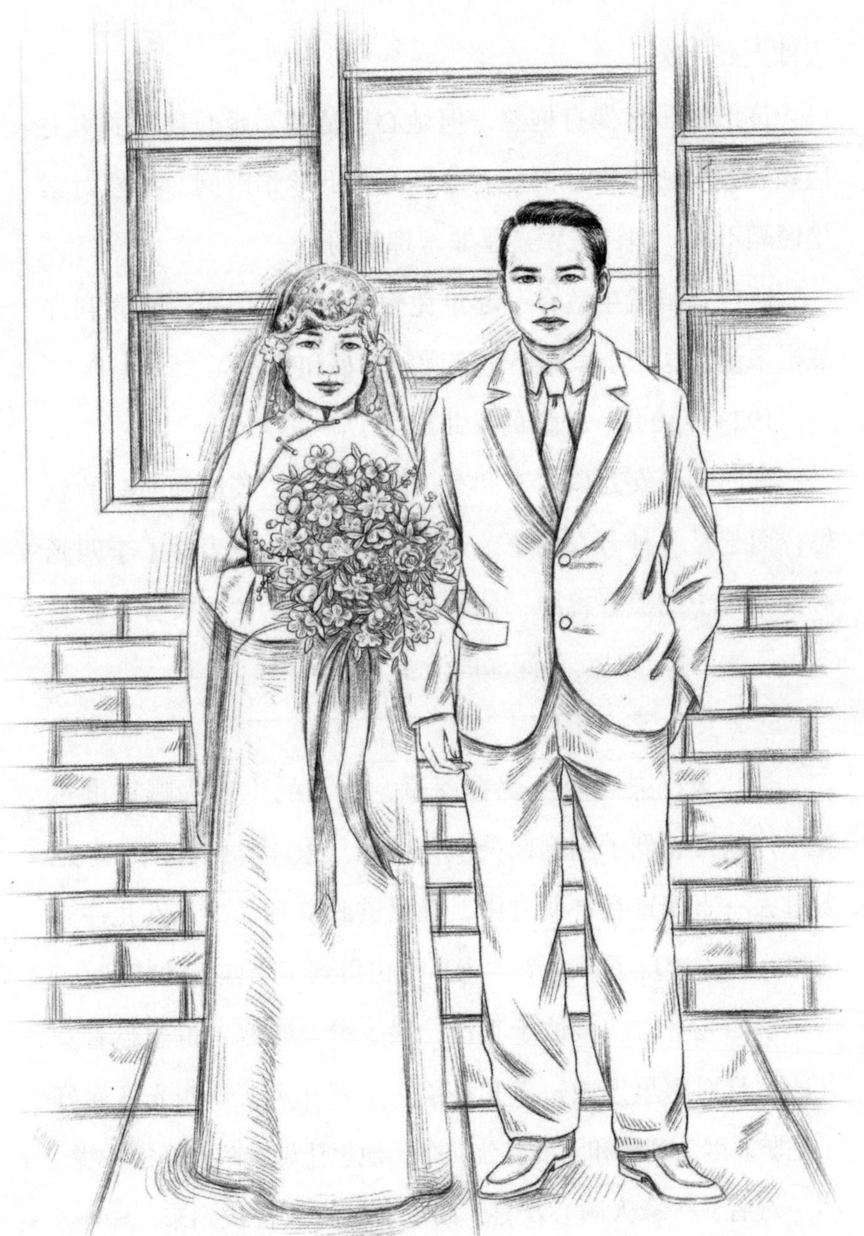

人催上好几次。

许淑彬虽然偶有抱怨,但她心里清楚,她心目中的丈夫应该就是专心于事业的。看李四光如此珍惜时间,虽然对家里照顾不周,但许淑彬还是非常理解的。

所以,虽然生活在一起难免磕磕碰碰,但对李四光和许淑彬来说,这个小家庭还是充满了幸福和美满。

1923年10月,他们的女儿出生了。

李四光给女儿取名李熙芝,熙是热闹、茂盛和明亮的意思,而芝是一种芳香的草,这两个字的组合,表达了李四光对女儿寄予的美好祝愿,他希望女儿的生活快乐吉祥,在名字中倾注了自己对女儿深深的爱。

转眼女儿满一岁了。

早几天,夫妻两个就在商量,女儿的生日去哪里度过呢?许淑彬想到了刚刚向公众开放的皇家园林颐和园,那地方过去一直笼罩在神秘之中,她早就盼着和先生、女儿一家三口一起去游玩了,这个主意当然也得到了李四光的赞同。

李四光平时一直忙于工作,很少顾及家庭,也想趁着女儿的生日对家里人做一点儿补偿。早好几天,李四光就雇好了毛驴。因为到颐和园没有公交车,他想让母女两人轻松一些。

然后,一家人满心欢喜,盼望着这一天快快到来。

女儿生日那天，正是星期日。北京的十月，秋高气爽，是秋游的好时节，李四光早早就起了床，匆忙跑到学校去修改一篇重要的论文。因为前一天晚上睡觉的时候，他的脑子里一直出现这篇文章，反反复复地，他渐渐厘清了思路，所以，他要趁着早上脑子清醒的时候，赶快把这些好不容易厘清的思路写下来。清晨的校园静悄悄的，办公室里悄无一人，李四光思如涌泉，写得很顺利，写着写着，他忽然觉得自己好像少做了一件什么事情，是什么呢？他却来不及去细想……

再说许淑彬，早上一起床，她就发现丈夫不见了。平时李四光也常常一早就不见了，可是今天不一样，今天是女儿的生日呀，再说两个人早就安排好了今天的活动，难道李四光这样健忘？许淑彬生气了，看着停在门口的毛驴，她更是难过，李四光这是去哪里了呢？不管他了，她抱起女儿，心里还很生气，嘴巴不由自主地翘得高高的，坐上了毛驴……

李四光终于想起来了，今天答应了夫人和女儿去颐和园的呀。

他拍一下自己的脑袋，埋怨自己太粗心了。他赶紧放下文章，跑到院子里找来一辆自行车，骑上车就往颐和园赶。要知道，从当时东城沙滩的北京大学到颐和园的路可不短，足足有三十多公里呢，但李四光把自行车骑得飞快，终于远远看到了颐和园豪华气派的东大门。

就在东大门边上，他发现了夫人许淑彬抱着女儿的身影。李四光顾不得擦一下满头满脸的汗，赶紧朝夫人跑了过去，走到许淑彬跟前，他也不说什么，而是顺手接过了夫人怀里的女儿，将女儿抱到了自己怀中，然后憨厚地朝许淑彬笑了笑。

许淑彬看到李四光满身都湿漉漉的，还喘着粗气，知道他这般辛苦地赶来，其实心里是装着她们母女俩的，心里的埋怨早就跑得不见了踪影。

这一天，李四光一家三口在颐和园的湖光山水中，享受着天伦之乐。

这个美好的瞬间，也就一直留在了他们的记忆之中。

当然，夫妻俩过日子，也会闹矛盾的。

前面说过，李四光最爱摆弄那些石头了，结婚前，他将石头放在裤子口袋里，结婚后，裤子上的破洞是不见了，可对石头的爱好却丝毫没有动摇，还是照样把石头往家里搬。邻居们都很好奇，这位李先生老是大包小包地往家里搬的是什么宝贝啊！

有一次，他从山西大同回来，又搬回了几块大石头放在

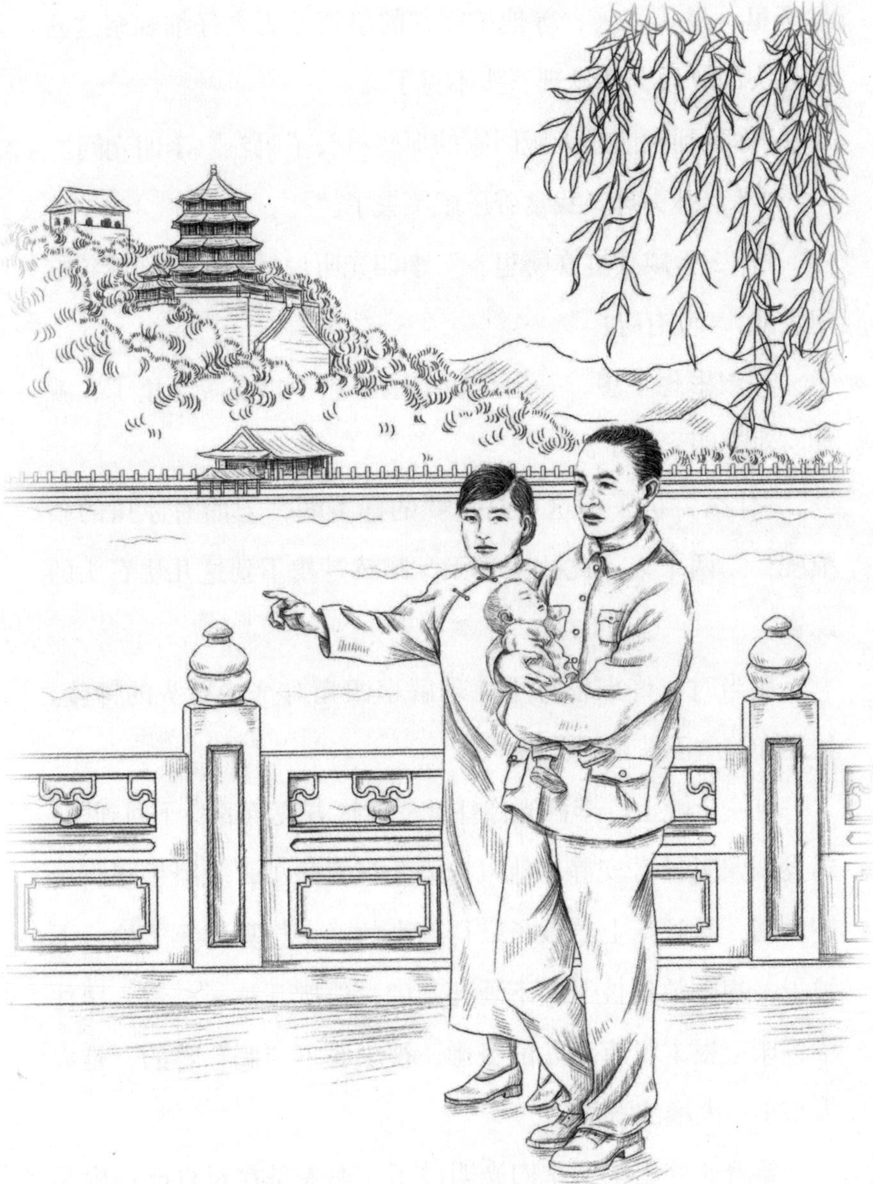

屋子里。过了几天，等他忙完别的事情，想去仔细观察这几块石头的时候，却发现石头不见了。

"你看到我前几天搬回家的那些石头了吗？"李四光问。

"哦，石头呀，我拿着压咸菜去了。"

"什么？咸菜缸在哪里？"李四光听说后赶忙跑到咸菜缸里去找，"没有呀！"

许淑彬想了想，一定是腌完咸菜顺手扔在院子里了，就如实对李四光说了。

"什么，扔了？这可是重要的标本啊，上面有冰川的条痕呢！"两个人为此找了半天，却就是找不到这几块石头的踪影。

在当时，许淑彬并不能理解李四光对这些石头的钟爱。她还和这些石头赌过气呢。

有一个晚上，李四光像往常一样拖着疲惫的身子回到家，却发现家里异常安静。他以为妻儿都安睡了，就蹑手蹑脚走进房间，看到床上的被子鼓得高高的，正打算为妻子掖一下被子，却感觉到被子底下硬邦邦的，他掀开被子一看，愣住了，床上根本没有妻儿的身影，被子底下"躺"着的，是大大小小一大堆的石头。

望着这些石头，李四光明白了，夫人是在对自己提出无声的抗议：你既然这么爱石头，那你就一个人和石头过日子吧。

这个晚上，李四光失眠了。他意识到自己对家庭的照应确实太少了，他坐在床边，一直望着天际，盼望着天快快亮起来，他要赶紧将妻儿接回家来。

这以后，两个人互相更理解了。

李四光会尽可能抽出时间和妻儿在一起，许淑彬也越发理解了丈夫的工作，遇到丈夫晚归，她会拉着女儿去北京大学丈夫的办公室等他回家。说起那块被自己不小心弄丢的石头，许淑彬一直到晚年还记着呢，她说："那是李四光研究中国第四纪冰川遗迹时发现的第一块标本，却被我弄丢了，真是太可惜了。"

经历了整整半个多世纪的风风雨雨，李四光和许淑彬始终不离不弃，恩爱携手，叫人羡慕。

对石头的钟爱，陪伴了李四光的一生，这种严谨的治学态度和对工作的投入和倾心，是值得我们好好学习的。

而家人之间的恩爱和关心，也陪伴了他一生，因为有家人的照应和理解，有一个温暖的家，才让李四光可以安心工作，不断为祖国的发展贡献他的智慧和才能。

大爱和小爱，两者同样重要。

第八章
关于䗴的命名

大家都知道，煤炭形成于几亿年以前的地球。确切地说，那是在3.5亿年～2.3亿年之前，那个时候，地球上非常炎热而潮湿，许多高大的植被沉淀下来，经过几亿年后，就变成了煤炭。

那个时期，地质学上叫作石炭纪和二叠纪。

要研究煤炭，就要对石炭纪和二叠纪的地层做深入的研究。

李四光每次外出考察，都特别注意这两个地层的研究，注意采集和这两个地层有关联的岩石标本。

采集的岩石标本多了，李四光发现，在

这些岩石中，经常会看到一种微小的海洋生物，这引起了他浓厚的兴趣。

这种海洋生物并不是李四光首先发现的，国外早就有人对这种米粒大小的微生物做过记载。根据记载，这种大小只有几毫米的单细胞动物居住在海底，喜欢缓慢爬行，它的形状像一个两头小中间大的纺锤，外面像蚌壳一样，还长着一层薄薄的壳。在石炭纪和二叠纪时期的海洋中，经常可以看到这种动物，而到了二叠纪后期，就渐渐见不到这种动物的踪影了。

日本人曾经根据这种动物的形状，给它起名为纺锤虫。但李四光想再深入地研究下去，就找不到更多的资料记载了。

李四光发现这种动物在中国的岩石标本中也有非常广泛的分布，而且种类也非常多。他本能地感觉到，这种看上去微小的动物，也许是一个很重要的线索。

可是，研究的毕竟是已经消逝了几亿年的对象，要找到合适的化石标本谈何容易。

大家想想，采集化石本来就是一件费力的事情，采集来的化石还要磨成薄薄的细片，才能放在显微镜下观察里面细微的动物化石的构造，稍不注意，标本碎了，就要从头来过……

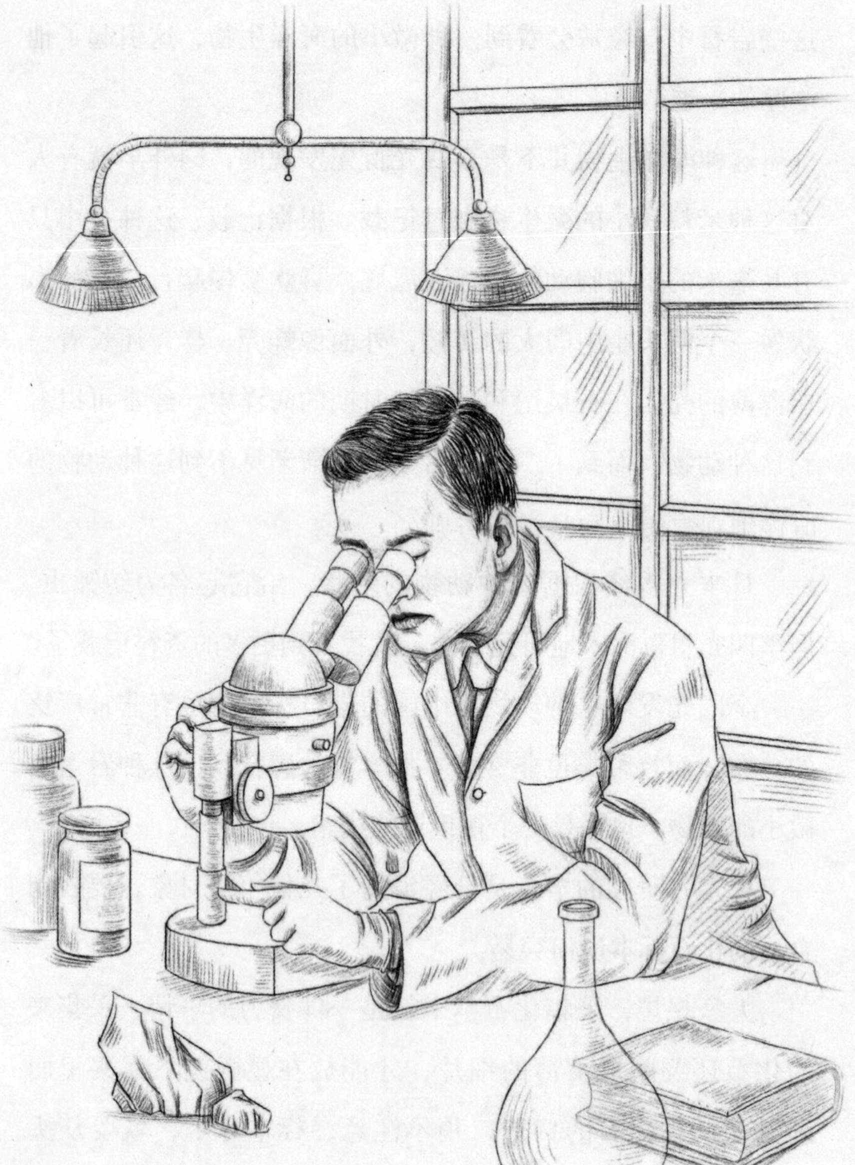

可以想象，为了搞清楚一种动物的分布和构成，为了能找出一种动物的结构和特征，需要多少岩石标本，需要多少时间的研磨和观察啊！

李四光经常一个人钻进实验室里，又是磨呀，又是看呀，弄得身上、脸上全是粉末。经过好长一段时间的辛苦，藏有这种微小的纺锤状身体的海洋动物的标本渐渐多了起来。

标本多了，就可以仔细观察它们之间的异同了。

李四光发现，小小的海洋动物虽然从表面上看相差不多，但仔细观察起来却是千差万别的，个头有大小，形状也有圆有扁，薄薄的壳上的区别也很大，颜色也有很多种呢……经过反复比对和观察，李四光逐渐搞清楚了这些小动物的不同形状、结构。

采集的矿石标本越多，他的分析资料越齐全，他就越高兴。接着，他还发现了这些小小的海洋动物的种属演化关系，搞清楚了他们不同的种类所生活的不同时期和分布的不同地层。

这些发现让李四光喜出望外。

人们却不太理解，弄不懂他为什么整天围着这些几亿年前的小动物转，想不明白这些两三亿年前的小小动物化石能有什么用。

这个谜底，还是由李四光为大家解开。

原来，因为这种小动物在石炭纪和二叠纪时期非常普遍，当然就在化石中大量被保留下来了。在中国，要找到带有这种小小动物的化石标本比较容易，而只要找到了含有这种动物的化石，就意味着找到了石炭纪和二叠纪的地层，甚至还可以根据这种小动物的形状和大小，根据它们身上的壳来搞清楚是属于石炭纪或二叠纪的前期、中期还是晚期，从而判断煤炭的存在。

换句话说，这一小小的化石标本，好比一种活化石，可以科学地判断煤炭的分布呢。

"太好了，那老师，你就为这种小动物起个名字吧。"学生们搞明白了老师高兴的道理后，也很开心，就想起还没有为这种小动物起名字呢。

"是呀，日本人曾经叫这种小动物为纺锤虫，我觉得好像还不太确切。我觉得这小东西很像我们家乡手工纺织机上的一个零件䗴，要不就叫它䗴蜗吧，一种像蜗牛的䗴。"

1923年至1925年期间，李四光发表了好几篇关于研究䗴蜗的论文，像《䗴蜗鉴定法》《䗴蜗的新名词描述》《山西东平平定盆地之䗴蜗》《葛氏䗴蜗及其在䗴蜗族进化程序上之位置》等。这些论文的发表，引起了学术界的重视。

但另一个问题却因为这个小动物的名字而产生了。大家根据这个名字，想当然地以为这是一种蜒状的蜗牛；可李四光原本希望表达的意思，是说这是一种蜗牛状的蜒。为了不引起更多人的误会，李四光经过再三考虑，决定为这种小动物另外造一个新名字：螳。

这个名字非常鲜明地表明了这种小动物的样子，一种像螳的小虫。

李四光继续研究，发现了一些在资料上没有记载的螳的种类。按照科学界的规定，新发现的种类可以由发现者命名。李四光看着这些形状各异的螳，想到了自己一路走来的求学之道，想到自己之所以会对地质有兴趣，要归功于在英国伯明翰大学的学习，他因此想到了在地质学上自己的启蒙老师，英国的几位教授们，于是，他带着对老师的敬意，将新发现的两种螳类命名为"李氏威尔士·包尔顿螳"和"李氏卢·包尔顿螳"。

后来，他又为新发现的螳命名为"丁文江属螳"和"翁文灏属螳"，以表达他对为中国地质学做出重要贡献的两位权威人士的尊敬。

从李四光对螳类的命名，我们也可以看出李四光对老师和同行的尊重和厚爱，而可以拥有这样一种感恩之心，对一个人的成长是很重要的。

1927年,结合对𬒈的进一步研究,李四光的第一部科学专著《中国北部之𬒈科》出版了,这是他在考察了中国北部的地质情况之后的研究成果。他将这部作品寄给了远在英国伯明翰大学的包尔顿教授。

老师拿到书,非常欣慰。李四光从伯明翰大学毕业才没几年,就可以有如此深入的研究,写出这样具有学术价值的专著,实在是非常难得。

包尔顿教授敏感地意识到这部作品中对𬒈的研究很有价值,是寻找煤矿资源、研究地层分布的一个重要依据,其中的学术价值不可小看。于是,他出面向学校推荐了这部专著。果然,作品得到了大家一致的好评。没过多久,经过伯明翰大学学术评审委员会审议:李四光对微体古生物𬒈科系统研究的贡献,议决,授予李四光"自然科学博士学位"。

消息传到中国,李四光当然很高兴,可当他听说,接受博士学位需要买一套博士服和博士帽,大概需要十八英镑的时候,他就决定放弃了。十八英镑,在当时可是一比不小的费用,李四光对夫人说:"我做研究,不是为了名。这玩意就不要了吧,何况还要花钱。我想去信感谢他们的好意,同时说明我不要这个学位了。"夫人一听可着急了:"人家求之不得,你居然说不要,你这样做,非但辜负了你老师的一番好意,而且失去了得到科学博士学位的机会,实在很可惜。这件事情你就不要管了,我来办吧。"

李四光的夫人借来钱,寄到英国,领来了博士的文凭。

为了表彰李四光在古生物和生物地层领域所做出的突出贡献,中国地质学会经评选审定,将"葛利普奖章"授予李四光。

学会感恩。

李四光的一生,很好地践行了这一优秀的品质。

他做事情非常投入,不计名利。有了成绩,首先想到的是曾经培养过他,帮助过他成长的老师和同事。他为实现目标倾注全部心血,但对名利却很淡薄,正因为这样,他在科学的道路上,才能攀登上一个又一个高峰。

第九章
发现第四纪冰川

1921年前，关于中国第四纪是不是有冰川，还是个谜。

或者，更确切地说，国外地质专家的观点，是不支持中国有第四纪冰川的。比如，国外权威地质专家李希霍芬就曾经在他考察中国后所写的报告《中国》中只字未提有第四纪冰川，也就是说，他认为中国没有第四纪冰川，这一考察报告是他在1868年至1872年对中国华北、华东、华南、陕西和四川等地进行了地质调查后得出的。

这个观点，一直被地质界所认可。但是，到了1921年，李四光偶然发现，这个观点可能是错误的。

这一年，李四光带领他的学生在河北邢台南的沙源岭地区进行地质调查的时候，发现了一座孤立无缘的小山包。这座小山包的表面很圆滑，而且又低又矮小，旁边还散布着许多漂砾和带着条痕的砾石。这座小山包和周围其他岩石的样子很不一样，李四光曾经在阿尔卑斯山上考察过冰川的遗迹，结合当初考察时候的感受，他敏感地觉得，这些石头上的痕迹很像冰川划痕，与地质学上说的冰川遗迹有很多相似的地方。李四光非常兴奋，带着他的学生们沿着这个小山包继续向东北方向前进、探究……

经过细致、系统的观察，他确认，这正是近代地质时期冰川作用的遗迹。于是，李四光用英语写了题为《华北挽近冰川作用的遗迹》一文，刊登在了1922年1月的英国《地质杂志》上，这篇文章很快引起了争论，但却不被重视。当时的气氛，比较崇拜外国权威，所以，很多人对一个中国知识分子的言论不屑一顾。

李四光知道，驳斥别人最好的办法是继续野外探索，拿出更多有力的证据。

1922年六七月间，他带领学生去山西大同实习，又在大同西南二十公里的口泉附近，发现了一条东西延伸数公里的山谷，谷底的横断面呈U字形，宽度均匀，里面有不少带着擦痕的砾石。这次的发现，与上一次在河北发现的砾石等有许多相似的地方。李四光根据这两次的发现，在中国地质学会第三次全体会员大会上做了题为《中国第四纪冰川作用的证据》的演讲，提出了在较近地质时期，华北地区和欧美一样，曾经出现过第四纪冰川。

这个演讲引起了与会者很大的反响，大家都把眼光投向了当时担任农商部顾问的瑞典地质学家安迪生，希望他可以对李四光的演讲发表高见。没想到，安迪生对李四光提供的材料和那些他带来当作证据的石头根本不放在眼里，而是用了一种非常傲慢的嗤之以鼻的神态，一点儿都不信任李四光的演讲。

安迪生是欧洲的地质学家，看到过很多冰川遗迹的石头，按道理应该对留有冰川痕迹的石头很熟悉，但他根本不屑看一下李四光带来的石头，就全盘否定了李四光的观点。

安迪生的态度影响了周围其他的人，也使得李四光感到失望。但李四光没有放弃，他始终记着，探究科学的方法，是从现象深入本质，从追索结果到寻找原因相结合，只要自己坚持下去，一定会收集到更多、更翔实的证据，来为自己创造性的观点和见解服务。

1931年夏天，李四光带着北京大学地质系的学生去庐山实习，李白诗云，"飞流直下三千尺，疑是银河落九天"，说的就是庐山的瀑布和陡峭的山景。当然，一般去庐山旅游观光、欣赏美景的游客们，并不会关心这些风景的形成和分布有什么科学的依据，李四光和他的学生却从这些陡峭的山峰和平坦的山谷中看出了许多门道来。

庐山的东西两侧，都是陡峭的悬崖峭壁，令人叹为观止。李四光一边带着学生们四处考察，一边将其中的奥秘告诉他们，当他们看到那些陡峭的悬崖时，李四光对学生们解释说："这些悬崖峭壁是因为断层造成的。中间迭起，周围凹陷的块垒式构造，是形成庐山挺拔屹立，高耸入云的奇观的地质原因。"

他们沿着陡峭的悬崖继续探索，没一会儿，就爬上了一个叫作含鄱岭的地方。站在含鄱岭上向前面眺望，可以望见一条宽阔平坦的山谷，谷底尽头可以清晰地看到鄱阳湖的水光潋滟，在碧蓝的天空的映照下，水色一天，煞是好看。

大家都被眼前的美景吸引了，有个细心的学生却看到老师的表情和大家不一样，他微皱眉头，似乎并不是在欣赏鄱阳湖的风景，却是在思考着什么。

确实，李四光被眼前的地形迷惑了，按理说，山的两侧都是悬崖峭壁，山峰起伏连绵、溪水欢腾奔流，那么，在这里形成的山谷应该因为流水的侵蚀而变得曲折险峻才对呀，可眼前看到的山谷底部却是平坦缓和的，是什么原因使得这里的山谷与别处不一样呢？

李四光决定弄个明白！

他和学生们花了九牛二虎之力下到山谷里，仔细研究谷底形成的奥秘。在平坦的山谷里，李四光他们发现，这里有红色的黏土层，其中还夹杂着大大小小的石块和砾石，特别是这些砾石的表面，还可以隐约看到条纹状的划痕。这些奇怪的砾石是从哪里来的呢？这个问题一直在李四光的脑海里转悠。

以后几天，李四光继续在庐山周围的山谷里转悠，发现了更多这样平坦的U字形谷底。在一处叫王家坡的山谷里，他还看到了一块巨大的岩石，很显然，这块岩石如此巨大，是不可能从陡峭的山上滚落下来的，也不像是由流水搬运来的，那么，这么大的一块岩石，又是怎么孤零零地躺在这个山谷里的呢？

李四光希望搞明白这一系列奇怪的问题。

忽然有一天，他灵机一动：会不会是因为冰川的作用呢？想到这里，他的眼睛一亮，如果真是冰川作用的话，很多的奇怪问题就都有了解释，而且，又多了一系列的证据来

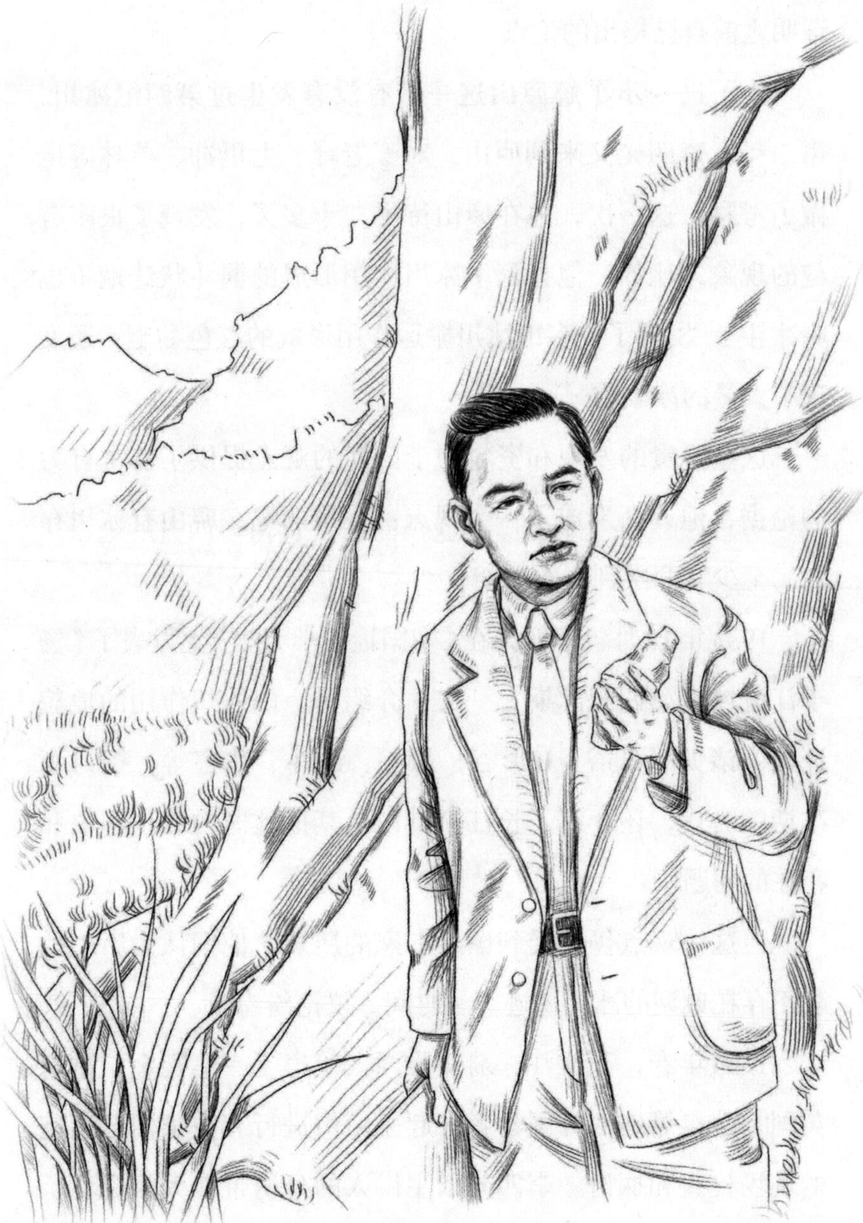

证明之前自己提出的论点。

为了进一步了解庐山这一带有没有发生过第四纪冰川，第二年，李四光又来到庐山，对五老峰、七里冲、芦林等地做了考察。这一次，他在庐山待了二十多天，发现了很多有趣的现象，比如，他找到了冰川作用形成的漏斗状洼地（也叫冰斗），发现了更多由冰川搬运作用形成的红色黏土，还发现了大量的冰碛物⋯⋯

这些可贵的发现和资料为李四光的观点提供了非常有力的论据，他逐渐形成了一个观点：在第四纪，庐山有冰川存在，至少有两次到三次冰期。

1933年12月，李四光在《中国地质学会志》上发表了《扬子江流域之第四纪冰期》一文，介绍了庐山冰川作用的地貌证据，诸如平低谷、U形谷、悬谷、冰斗、冰窖等，探讨了冰期的时代，还介绍了长江流域以及其他地区的冰川现象和存在的问题。

但这一观点仍然受到国外专家的质疑，他们认为庐山地貌不存在典型的冰川遗迹。一时间，议论纷纷。

1934年春，丁文江、翁文灏两人筹集了一笔资金，邀请英国、瑞典等地的外国学者一起去庐山进行有关第四纪遗迹的现场检验和探讨。李四光以主讲人的身份带着大家观看了庐山的冰川遗迹，并阐述自己的观点。当时当地，大家对眼前的奇特地形都表示惊讶，有外国专家私下里对李四光说："假如这些现象是在我们的家乡发现，没问题，肯定是冰川造成的。"可是到了公开的场合，他们却一个个成了哑巴，用沉默来维护他们的所谓"权威"。

这些态度并没有让李四光气馁，他明白，在探索科学的道路中，总是会遭遇怀疑和白眼，但只要脚踏实地，拿事实说话，总有一天会得到大家的认可。

1936年，李四光结束了英国的讲学回国后，没有休息，就去了安徽黄山和江西庐山，继续第四纪冰川遗迹的考察。这次考察，他又在黄山发现了许多冰川活动的证据，之后，他在《安徽黄山之第四冰川现象》的文章第一段中写道：

> 几年前，从长江下游所观察到的许多现象，迫使我提出在该区某些地段有更新冰川的结论。我的论据从根本上不同于那些所谓的"正教派"的观点，他们是"科学的怀疑派"，据守旧念，这种观点只能导致人们墨守成规，脱离客观规律。有些地质工作者还渴望期待着另外的论据，为此，我贸然提供下列一些事实。

这篇文章虽然不长，却因为李四光的坚持和翔实的论据，引起了国内外地学界的一定反响和震动。当时由国际联盟派到中央大学（今南京大学）的冰川学家、澳大利亚籍的费斯孟教授看了这篇论文后，专程去了庐山、黄山和天目山考察，然后，他根据考察的结果写下了《中国更新世的冰川现象》，刊登在德国《土壤冰川》杂志上，终于承认了中国第四纪冰川的存在。

1936年，李四光第四次去了庐山等地，寻找到了更多有关冰期冰川的证据，然后，他马不停蹄，马上开始撰写有关庐山冰期、冰川的初稿，终于在1937年写成了《冰期之庐山》这部专著，但由于抗战爆发，这部作品一直到1947年才得以出版。

这部专著，可以看作李四光长期研究、调查第四纪冰川遗迹的科学总结，可以说是研究中国第四纪冰川学的经典性著作。

之后的很多年里，李四光始终没有放弃对中国冰川遗迹的研究。因为他明白，第四纪大冰期时代的冰川气候环境，对人类的演化、海水进退规律以及自然环境演变等产生了重要而深刻的影响。这对我们找矿、找水、工程地质研究、水文地质研究、环境资源开发利用和保护等的预测都具有重大意义。

"不怀疑不能见真理",李四光不为已经形成的学说所压倒,而是采取一种怀疑的态度,非常难得。

在科学的道路上,没有平坦的大道,只有一步一个脚印向前攀登的人,才能达到光辉的顶点。

李四光很好地实践了这一点。

第十章
一块奇怪的石头

在李四光纪念馆里，珍藏着许多奇怪的石头，这些石头的主人都是李四光本人，是他在长期野外探究考察的过程中不断收集而来的。其中，有的像躺椅，两个面互相倾斜着；有的像一盏灯，似乎只要有了电，马上就能放出光芒来；也有的像我们平时爱吃的天津麻花，上面的条纹清晰可见。这些石头，见证了大自然的丰富和精彩，显示出大自然作用下岩石的变化。在这些奇形怪状的石头当中，有一块"L"形的石头，乍一看并不显眼，但这块石头，却是李四光的宝贝，一直与他形影不离！

说起这块石头，还有一段故事呢！

大家都知道，石头，一直是李四光眼睛

里的宝贝，他曾经因为将采集来的石头放在裤子口袋里，而磨破了口袋，得了个"破裤子教授"的雅号；他曾经因为总是将石头搬进家里，而被夫人许淑彬误解，把一大堆石头放在他休息的床上，让他和石头过日子……但即便这样，李四光仍然没有改变爱石头的兴趣爱好。就像有的人喜欢收藏玉器，有的人喜欢收藏古玩一样，李四光则是对那些石头情有独钟。

在他的眼睛里，正是这些岩石，述说着亿万年地质历史的变迁，展示着生动而又丰富的大自然的过去。所以，李四光经常会说，这些看上去名不见经传的石头，是大自然的瑰宝，是他眼睛里的无价之宝！

可是，就是因为"无价之宝"这几个字，让他差点儿和这块"L"形的石头失之交臂。

那是1941年的春天，那时候，李四光正对中国第四纪冰川的研究有浓厚的兴趣，听人说桂林的西南山区有冰川留下的痕迹，他立即带着学生们去了那里。

在桂林的山区里转悠的时候，有同学找到了一块奇怪的石头拿给老师看："老师，你看看这块石头。"

李四光接过石头仔细看了起来。这块石头确实与众不同，它并不算大，只有十厘米长，三四厘米宽，厚度也只有两厘米，灰不溜秋的，捏在手里沉沉的。从成分来看，与河里的那些鹅卵石没什么大的差别；但鹅卵石吧，一般都是圆鼓鼓的，可是，这块石头的形状却很奇特，它的中间有一个皱褶，硬生生转了一个将近90度的弯，变成了"L"形。

李四光去过很多地方，也见过成千上万的石头，可像这样形状的石头却还是第一次见到。这本来应该只是一块普通的砾石，如果没有石头当中的那一个大转弯的话，也许就和随处可见的那些砾石没什么区别了，是什么力量，让这块这么硬的石头，有了这么大的改变呢？

要知道，石英砂岩的材质，又硬又脆，一般情况下，一旦遇到外力，很容易就折断或粉碎了，可是，这块石头没有折断，没有粉碎，而是弯曲了，太有意思了，这块石头非常值得好好回味，仔细分析呀！

于是，这块石头就跟着李四光回了家，成了他放在裤子口袋里的宝贝。他经常在吃饭的时候，睡觉之前或者休息的时候，将石头从裤子口袋里拿出来，拿在手里把玩，又是用放大镜照着研究，又是在显微镜下从不同的侧面仔细观察，似乎就是从这块石头身上，他看到了大自然的神奇。

夫人许淑彬看到李四光痴迷的样子，不禁莞尔一笑，别说这尖尖的石头会将李四光的裤子又一次磨破，就算裤子没磨破，这样每天拿进拿出地把玩，一不小心，也可能将石头磨坏了呀！

听夫人这么说，李四光觉得有道理，他就专门为这块石头做了一个木头盒子，还在盒子里放上棉花和绸缎，将石头好好地保护起来了。

从这个举动就可以看出，李四光对这块石头的重视程度。

1941年7月7日，正是一年一度的大学生毕业的时候，在广西大学的礼堂里，隆重的毕业典礼正在举行，大学还专门请来了李四光为这一届的毕业生和老师做学术报告。

李四光走上讲台的时候，手上拿着一个木盒子，里面装的就是这块石头。

他觉得从这块石头的变化说起，学生和老师们一定会对他要说的地质学有一个生动形象的理解的。于是，他小心翼翼地从盒子里拿出这块弯曲的石头，开始了演讲：

"同学们，今天我要给大家讲一讲这块奇特的石头的故事。"他简要地介绍了这块石头的一些基本情况后，继续说，"从显微镜下观察，这块砾石的内部像你们看到的外形一样，出现了变形的痕迹。这说明这块石头的变形是受到外力作用的结果。而这种外力的作用，又明显不是外界的雕琢和侵蚀，那么，它究竟是怎么变形的呢？"

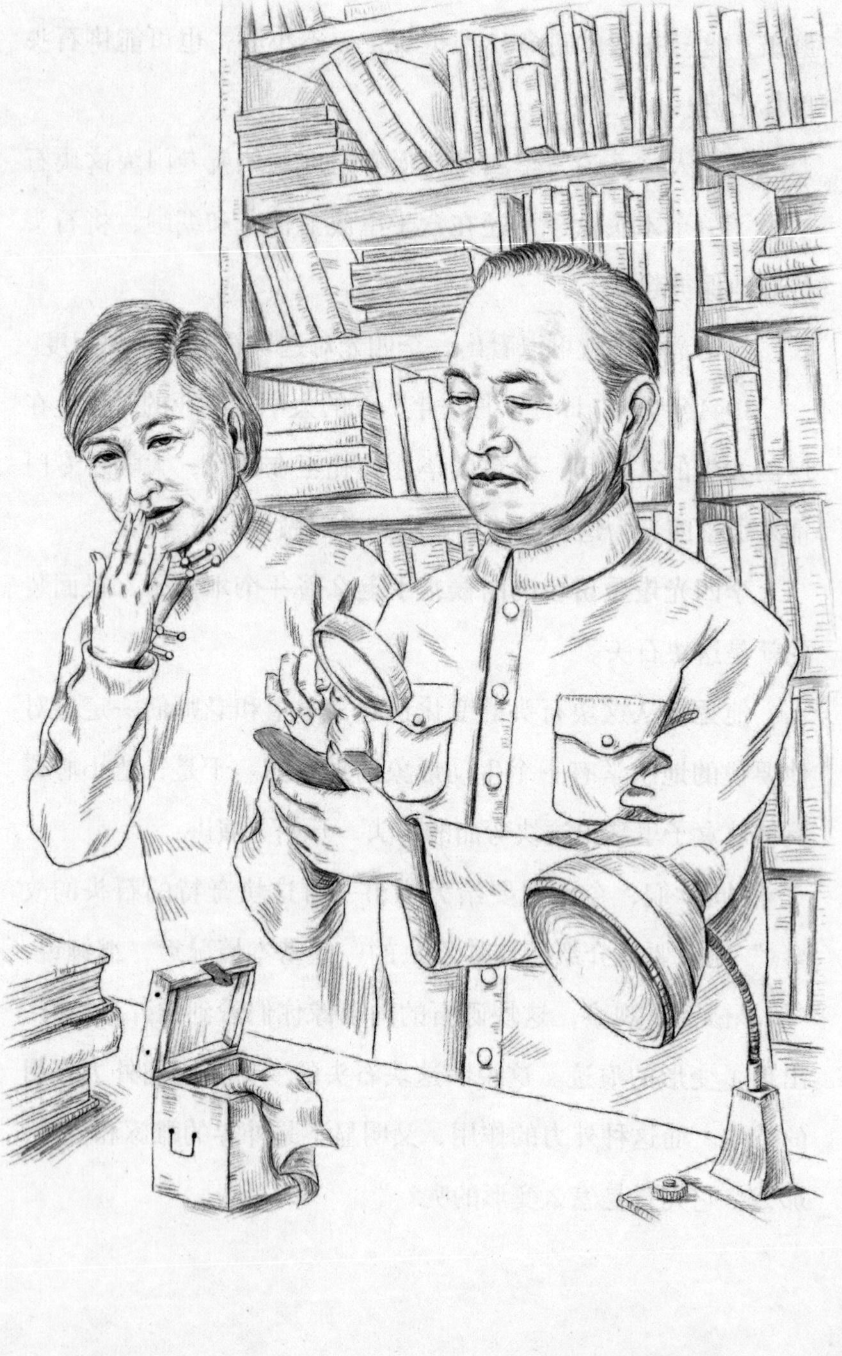

大家的兴致都被李四光吊了起来。

是呀，是什么原因呢？见大家很感兴趣，李四光继续大声说道："是冰川的作用呀。砾石是在冰川的载荷下，逐渐变形的。可以想见，这块砾石的一半当初一定是被固定了，而另一半却因为冰川的前推作用逐渐扭曲……"

想一想，大自然多么神奇，在几百万年的漫长过程中，这块一半被禁锢的石头，由于受到冰川的缓慢作用力，居然可以克服自身又硬又脆的特性，逐渐弯曲，最后变成了这样一个"L"形的样子。

李四光最后总结说："我搞了这么多年的地质研究，还是第一次看到这样奇怪的石头呢，它真可以说是一块奇特的石头，它比宝石还要宝贵啊！它是大自然的奇迹，是无价之宝，比黄金还要珍贵！"

礼堂里顿时热闹起来，有好奇的同学站了起来，对这块小小的石头充满了敬意："老师，可以让我们看看这块石头吗？"

"可以，大家都来看一看吧。"李四光爽快地说。

很快，木盒子从前排的教授那里传了下去，大家争先恐后地，都想看看这块石头的样子，看完石头的同学，有的索性跑上讲台，提出了更多的问题向李四光老师请教。李四光也很兴奋，他一一回答着同学们的问题，过了很久，大家还舍不得离去。

一直到有老师出来劝阻，说该让李四光老师休息的时候，李四光才回过神来。他忽然想起了心爱的小石头，就说道："现在，请把石头还给我吧。"

是啊，大家刚才只顾着提问题，没注意石头传到了哪里。很多同学都帮着寻找起来，结果，大家在一张空着的椅子上看到了那个木盒子。可是，盒子里的石头却不见了，只有那个木盒子，孤零零地躺在那里。

这下，李四光着急了。一定是有人听说这是个无价之宝，所以悄悄地窃为己有了。李四光的心往下一沉，暗暗叫苦。

他赶紧向大家反复申明："请把石头还给我，我说这石头是无价之宝，是从科研的角度说的，这石头并不是什么宝石，不像翡翠、玛瑙那样价值连城，它只具有科学价值，没有经济价值呀！请把石头还给我吧。"

礼堂里一下子安静了，大家都变得沉默了，很多人都在想李四光说过的话，可是，一直到礼堂里只剩下李四光一个人了，这块石头也没有"现身"。

李四光带着空空的木盒子回到家里，心里很不是滋味，他吃不下饭，内心充满了愤怒和后悔。他后悔自己不该这么轻易就答应让大家看看这块石头,而且居然让石头离开了自己的视线;他愤怒那个拿了石头的人,太无知了。

广西大学也觉得很过意不去,一面不断给李四光赔不是,一面贴出告示,希望拿了石头的人尽快将石头送还。

几天过去了,石头还是没有回到李四光的手里。

李四光意识到,拿了石头的人一定是不好意思还回来,觉得这样做很失面子。经过这样的一番折腾后,他也许已经知道了石头对李四光的重要性,却因为知识分子的架子放不下,所以僵持着。于是,李四光找到校长,建议再出一个布告,让拿了石头的人悄悄将石头送回就可以了。

于是,广西大学的校园里又出现了一个布告,上面写着:请将石头送到学校某某地方一棵大树的树洞里。

又过了难熬的三天,终于,李四光在树洞里发现了一张旧报纸,他小心翼翼地打开报纸,眼前一亮,里面躺着的,正是他等待已久的那块奇特的石头。

从此之后,李四光吸取了教训,再也不让这块石头离开自己半步了。他把石头珍藏了起来,如果谁想看一看这块石头,也一定要在他的眼皮底下。

这一珍藏,就是好多年。这块石头跟了李四光整整一辈子,一直到李四光逝世的时候,这块石头始终很好地保存在他的身边。

当然,就像我们开头说到的,现在,这块石头安静地躺在李四光纪念馆里,继续叙述着这个神奇的故事。

李四光的家里,到处都是岩石标本,这些各式各样的岩石标本,如今珍藏在李四光纪念馆里。正是这些形状各异的岩石,向我们展示了李四光一生对地质学的研究和探索,凝结着他对自然和科学探索的心血。

第十一章
我要回国

　　抗战的十四年，中国大地面临着深重的灾难，战火连绵。人们为了生计，只得四处逃亡，流离失所，生活尚且难以维系，更不要说做科学研究了。李四光和他的地质研究所也没能逃脱这样的灾难，他们没有办法继续正常的地质探究工作了，同样过着颠沛流离的生活。为了避免仪器和设备被毁，他们不得不一次又一次地将设备和资料等四处转移。这些宝贝曾经被搬到南京，后来又搬到了庐山、上海等地，许多研究工作也被迫搁置了。

　　当年抱负满怀，要为祖国贡献力量的李四光，陷入了沉思。谁能够拯救中国？中国的未来在哪里，中国的前途又将是什么呢？而自己作为一名科学工作者，又能为灾难深重的祖国做点儿什么呢？

1945年，生活在重庆的李四光看到《新华日报》上连续发表了一组文章，强调民族的革新、人类的进步，要建立在科学坚实的基础上，鼓励大家接过伽利略、牛顿等科学巨人手里的火炬，继续走科学探究的道路。

这些文章引起了李四光的注意。众所周知，这份报纸是中国共产党办的报纸，代表的是中国共产党的主张，当时，主持报纸的周恩来曾经公开表示，中国需要科学家，新中国更需要科学家。

共产党的主张让李四光看到了中国的未来和前途。这一年里，李四光两次见到了周恩来，周恩来和他一起探讨科学工作者如何团结起来，为建立独立、民主、自由的新中国贡献力量的问题，这又一次为李四光指明了方向。

这一年的7月1日，中国科学者协会正式成立，竺可桢[①]当选为理事长，李四光当选为监事长。

8月15日，日本宣布无条件投降。这个振奋人心的消息

---

①竺可桢（1890—1974），又名绍荣，汉族，浙江绍兴市人。我国著名的科学家和爱国教育家，当代闻名的科学家、地理学家和气象学家，中国近代地理学和气象学的奠基人。

让中国沸腾了。李四光也和大家一样，沉浸在对未来中国的描绘当中，他几乎一夜未眠，一直在想着人们终于可以齐心协力建设祖国了。他内心渴望继续进行科学探究活动，将埋藏在祖国大地下的宝藏找到，为祖国的发展献策献力。

可是，美好的愿望再一次被内战的阴影击得粉碎。李四光对当时的国民党政府彻底失望了。他渴望去延安，他眼前总是浮现出与周恩来交谈时的情景，他曾经对夫人许淑彬说："当我看到周恩来先生，我在他身上感受到了无比的力量，中国就是有了像他这样的共产党员才有了希望。"

1946年1月，全国政治协商会议在重庆召开，周恩来率领中国共产党代表团参加了会议，在会议期间，周恩来又两次秘密会见了李四光。周恩来对李四光说，新中国诞生后，必定需要大批的科学家参加祖国的建设，他希望李四光可以保护好自己。周恩来还关切地说，李四光很有可能因为不与国民党政府合作而受到迫害，所以建议他出国避一避。周恩来的言谈让李四光非常感动，他对未来新中国的描绘也使得李四光在黑色恐怖中看到了希望的曙光，对他之后的思想和行动产生了深远的影响。

这之后的两年中，李四光辗转到过上海，一方面是为了养病，另一方面还是没放弃科学的研究和探索，他渴望寻找到一条出路。

1948年初，将在伦敦召开的国际地质学会议邀请李四光参加，李四光觉得这是一次难得的机会，决定应邀参加这次国际会议。一来，他想起了周恩来曾经建议他去国外避一避，再来，他也想利用这次难得的机会向国外的专家多学习，和他们多交流。

那时，李四光已经在上海检查身体时发现自己患有心脏病和肺结核，医生嘱咐他要安心静养。他去了杭州，住在钱塘江边的玉皇山下，一面享受清新的空气和安静的环境，一面潜心准备论文，为6月的国际会议努力工作。

1948年6月，李四光抵达伦敦，参加国际地质学会的盛会。他提交了《新华夏海之起源》的论文。这已经是他第三次参加这样的国际学术会议了，而且每次，他都在深入考察了中国地质的基础上，写出了有重要见解和观点的论文。

会议结束，李四光决定暂时留在英国的海滨城市伯恩茅斯。

虽然身在异国，但他经常会不由自主地想念祖国，他一个人望着大海，遥寄着自己对祖国的祝愿。为了能得到关于中国的消息，他每天都会去一家小书店购买《工人日报》，从上面了解中国的局势。

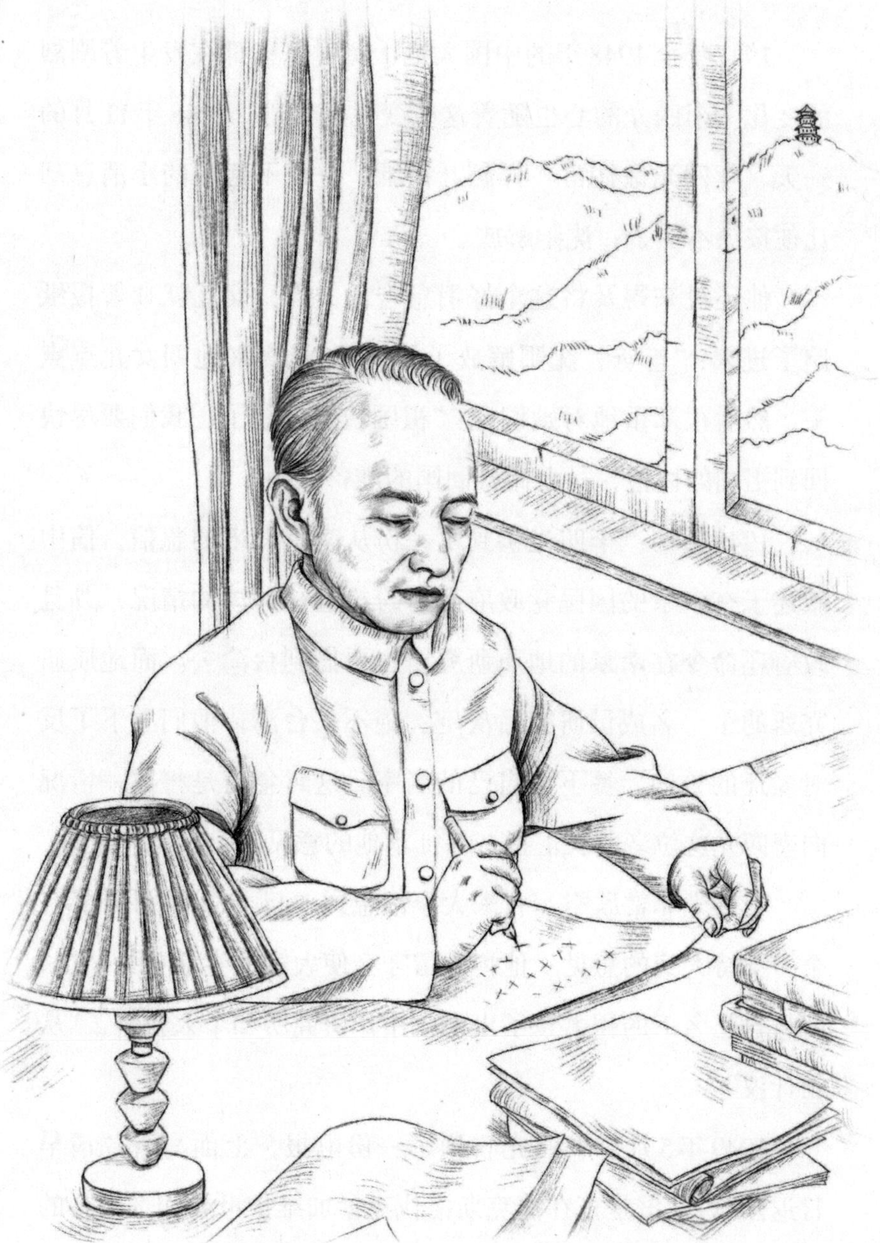

1947年至1948年的中国大地,每时每刻都在发生着剧烈的变化。李四光的心也随着这些变化起伏着。1948年11月的一天,李四光像往常一样翻开报纸,一条不起眼的小消息却让他按捺不住了:沈阳解放。

他还没来得及将这个好消息告诉夫人,女儿就拿着报纸跑了进来:"爸爸,沈阳解放了。"李四光高兴地朝女儿点点头,然后很郑重地对她们说:"祖国快要解放了,我们要尽快回到祖国的怀抱,马上做好回国的准备。"

1949年初,李四光接到了一份从南京发来的急信,信中叙述了在南京的国民党政府高官纷纷逃往台湾的情况,并且政府还命令在南京的地质研究所也要撤到台湾去。而地质研究所的十一名成员研究后决定:绝不去台湾,他们立下了反对搬迁的誓约,签下了自己的名字。这封急信是将这一情况向李四光这位老所长汇报,并征求他的意见。

李四光非常欣慰,看来大家都想到一起了,他立即回信,全力支持大家的意见。他担心留守会使大家的生活更为拮据,就将自己名下的积蓄拿了出来,用作研究所和个人救济,"从长计议"。

1949年5月,李四光收到了一份电报,上面写着"请早日返国"。电报是正在捷克斯洛伐克参加维护世界和平大会的郭沫若根据周恩来的嘱托发来的。李四光立即行动，订好了去香港的船票。可是，当时船只很少，需要从法国的马赛启程，还要等待半年的时间。李四光真是着急得很，他做好了所有的准备，急切地等待着船只起航的那一天。

9月，中国人民政治协商会议在北京召开。尽管李四光还没有回国，但因为他的威望和贡献，作为自然科学工作者的代表，被大家一致推选为会议代表。李四光远在英国，心却早就飞回了北京，他渴望赶紧回到祖国的怀抱。

9月下旬的一个深夜，李四光接到了一个电话。来电话的是李四光的老朋友陈源和他的夫人凌叔华，他们带来了一个可怕的消息。原来国民党驻英国大使馆接到了密令，要他们找到李四光，强迫他发表声明，否认他全国政协委员的身份，如若不从，可能会遭到强行扣押，最终被送往台湾。

李四光意识到时间紧迫，他已经来不及愤怒了，他想起周恩来嘱托的要保护好自己的话，决定立即动身，离开英国。

临走前，他叮嘱夫人退了订好的船票，让夫人先去女儿所在的剑桥大学待一段时间，等大家在欧洲大陆聚齐后再一起回国。然后，他又提笔给国民党驻英国大使郑天锡写了一封信。一切安排妥帖了，他朝夫人挥一挥手，消失在了夜幕中。

为了不引起怀疑，他只身一人带了很少的行李和文章、书籍，从朴次茅斯港坐船去了法国。

几个小时后，天亮了。许淑彬果然听到了敲门声，打开门一看，果然是郑天锡。他很"客气"地表示自己是来看望李四光，问候他的身体的，并且从包里拿出了一封信和五千美元。

"呀，他一大早就出去了，说要去考察这里的地质情况。"许淑彬带着点儿埋怨的口气说道，"真是的，他说有一篇什么文章要写，非要去。"

郑天锡没有发现其中的蹊跷，执意要许淑彬将信和钱留下。许淑彬知道信中一定就是那份强行要李四光发表的声明，便再三表示自己不可以替李四光做主留下任何东西，但她同时表示，"他一回家，就让他去见你们"，郑天锡这才没有留下信和钱。他走的时候自以为稳住了李四光，没有任何的怀疑。

几天以后，李四光的女儿收到一封字迹陌生的信，上面说，老朋友正在瑞士旅游，这里湖光山色，风景优美。她们明白，这一定是李四光用左手写的，通知她们去瑞士团聚。许淑彬将李四光临走时留下的信寄到了大使馆，然后不动声色地离开了英国。

再说郑天锡，每天都在等着李四光回家，左等右等不见人影，却等来了一封信，落款正是李四光刚劲有力的签名，信中表达了他绝不发表声明，也不会拒绝担任政协委员的决心。在信的最后李四光写道："我已经启程返回祖国。"

在瑞士的一家小旅馆里，许淑彬终于和丈夫团聚了。这时，许淑彬才知道，因为走得匆忙，李四光只带了一张五英镑的旅行支票，一路从英国到法国再到瑞士，钱早用光了。好心的老板看李四光为人老实，也很绅士，一直让他欠着旅馆的住宿、吃饭的费用呢。许淑彬赶紧谢过老板，补交了费用。

1949年12月25日，李四光和夫人许淑彬终于从意大利的热那亚乘上轮船，向着祖国的方向前进。

这一路充满了艰辛和困难，但尽管如此，却抵挡不住李四光想要尽早回到祖国怀抱的决心。

1950年3月，李四光终于回到了祖国的怀抱。

有理想、有抱负，对一个人的成长和发展非常重要。在黑暗的日子里，是对新中国的渴望和为新中国做贡献的远大理想让李四光坚持了下来。

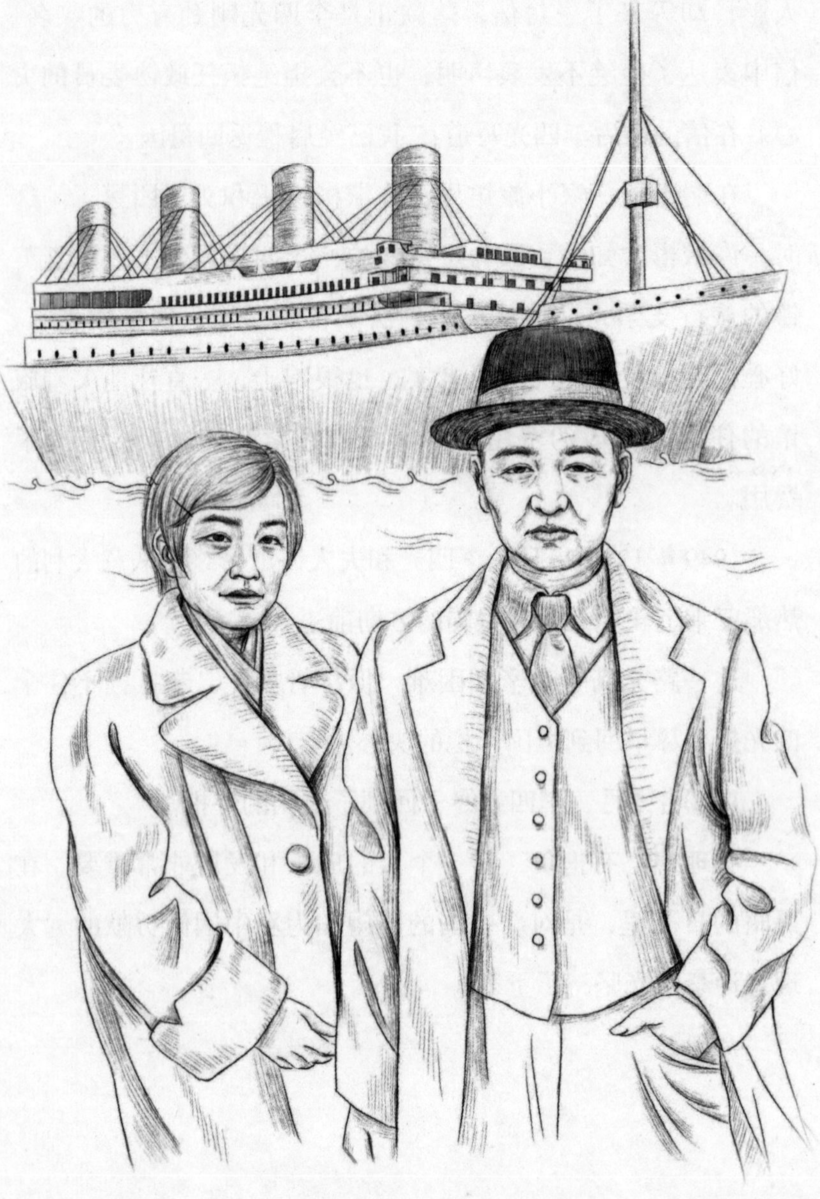

第十二章
为祖国找石油

李四光终于回到了祖国的怀抱。他辗转广州、上海、南京，1950年5月，他到了北京，住进了北京饭店。

才安顿好不久，李四光就接到了一个电话，询问他下午是否出去，说是有人要来看望他。是谁这样周到又客气呢？

傍晚时分，果然响起了敲门声，李四光打开门一看，原来是周恩来总理。总理神采奕奕，微笑着握住了李四光的手，问候道："你好啊，仲揆先生！"李四光真是没有想到，日理万机的总理会专程跑来看他。他握着总理的手，一时间竟然激动得说不出一句话来。

两个人在房间里攀谈了三个多小时，总

理关切地询问了李四光的健康情况,也询问了他回国后的打算。李四光原本是打算去南京重建地质研究所的,但总理却另有重托。总理从祖国百废待兴的经济建设,说到了地质工作和勘探的重要性,然后希望李四光可以为祖国担起这一重托。他提出希望李四光能帮助党和国家团结广大的科学家,为繁荣祖国的科学事业做贡献,他还希望李四光可以将留在各地的地质工作者组织起来,建设起一支浩浩荡荡的专业队伍……总理恳切的话语,细致入微的关怀,不仅让李四光感动,而且也使得他心中充满了希望。他郑重地朝总理点点头,无法拒绝总理殷切的希望。

他明白,有这样的总理,祖国的建设一定可以搞上去。

李四光答应了总理请他担任中国科学院副院长的要求,答应了总理马上准备召开地质工作会议的考虑,他觉得自己浑身上下重新焕发了青春,他甚至忘记了一直折磨自己的病痛,忘记了自己已经是个六十多岁的老人了。他暗暗下定决心,要为祖国的建设全心全意地工作。

20世纪50年代初的中国,大家欢欣鼓舞,铆足了劲想把祖国的经济建设搞上去。可是,谁都知道,要想将经济建设搞好,就需要矿产、石油等能源强有力的支持,而要找到石油,就需要有一支有专业、懂技术的地质队伍。旧中国的地质人员很少，根本无法与我们这块九百六十万平方公里的幅员辽阔的土地相匹配。

在不到半年的时间里，李四光听取了大家的意见，成立了地质工作计划调配委员会，成立了中国科学院下属的地质研究所和古生物研究所，还成立了矿产地质勘探局，将地质工作有声有色地开展了起来。

1952年8月，国务院成立了地质部，李四光被任命为地质部部长。

需要李四光他们做的工作很多很多。他要忙于矿产、水利、工程的恢复和整治；忙于对新中国经济建设急需的能源——煤、石油和矿产等的勘探和开发；还要忙于培养新一代的地质人才……

在这些工作中，有一项十分艰巨，那就是对石油的勘探和开发利用。

新中国成立之前，对于中国大地上是不是有石油，众说纷纭，而1922年美国地质教授布莱克维尔德提出"中国贫油论"的观点又很有市场，那么，中国到底有没有石油呢？

这个问题，甚至引起了毛主席的关心。

1953年底，已是料峭寒冬，李四光应毛泽东主席的邀请来到了中南海的菊香书屋，刘少奇副主席、周恩来总理、朱德总司令等领导也在场，大家一起征询李四光对中国石油的看法。

那时候，中国的第一个五年计划刚开始实行，天上飞的、地上跑的都离不开石油，没有能源，会造成经济建设的速度提不上去。所以，国家领导人都很着急。

毛主席问："在我们的地下究竟能不能找到石油？"

李四光胸有成竹，给了毛主席一个肯定的回答。接着，他依据地质力学理论，分析了石油形成和移聚的基本条件，认为我国幅员辽阔的地下有多种沉积，存在油气的可能性很大。他对我国油气资源的蕴藏和前景做出了美好的描绘。

李四光还依据自己多年地质勘探的经验，提出要打开偏居西北一处找油的局面，而是在全国普查，找出几个希望大、面积广的可能含油区。他还提出了陆相成油的学说，指出石油不仅来自海相地层，也可以来自淡水沉积物。这就大大扩大了勘探石油的范围。

当然，李四光也提出了问题的关键，就是要抓紧做好石油地质勘探工作。

他的意见得到了党中央的肯定和采纳，党中央决定立即开展大规模的油气勘查工作，并且于1954年1月在地质部下正式成立石油、天然气普查委员会，由李四光兼任主任。

在李四光的战略指导下，一场全国范围内的石油、天然气勘查工作轰轰烈烈地开展起来了。

1955年1月，地质部召开了第一次全国石油普查工作会议。会议决定组成新疆、柴达木、鄂尔多斯、四川、华北和东北等多个石油普查大队，组织松辽平原踏勘组，包含二十四个地质队、二十个地形测量队、十八个物探队，一共一千两百多人，展开了中国历史上第一次最大的石油、天然气普查工作。

1956年1月20日，地质部召开了第二次全国石油普查会议。会上，李四光谈了关于加强石油普查工作的意义，总结了前一年的工作，认为对华北平原、松辽平原的概查，确认了这两个地区具有较好的含油远景，值得进一步开展工作。接着，他在战略和战术上都做了详尽周密的部署……

这之后的几年时间里，石油勘探工作如火如荼地展开着，好消息也一个接着一个地传来。

新疆北部的克拉玛依喷出了黑色的石油，青海的冷湖、柴达木盆地的油砂山和四川也相继找到了石油，特别是在松辽平原上的勘探工作，可以说是李四光根据多年的丰富经验而设想的一个大胆而又英明的战略。

李四光了解松辽平原这一地区的地形分布，它处于森林、

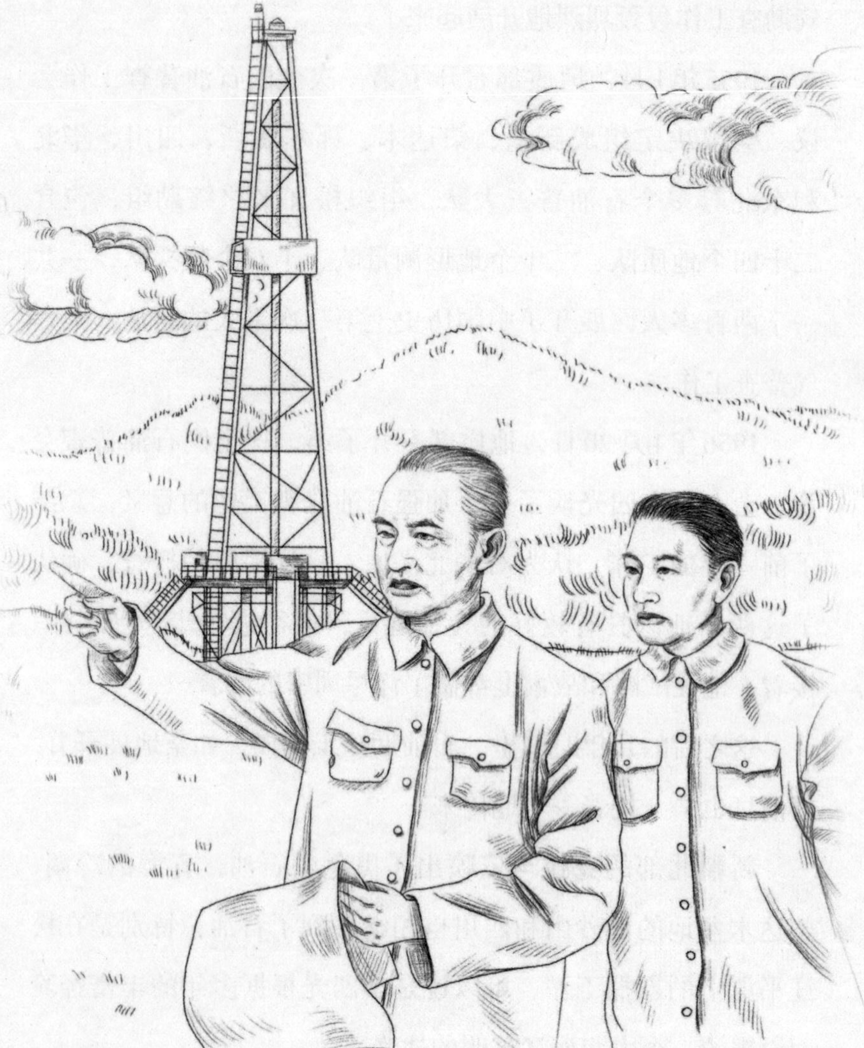

河流和平原之中，从地质构造上说，正是松辽大凹陷上，四周被大隆起环绕，了解了这一生成结构，对找油非常有利。

果然，1958年4月17日，地质队在吉林省一个叫前郭尔罗斯的自治县内的达里巴村打井，井打到地下四百六十七米的时候，发现了含油的砂岩，从那里取出的岩芯上可以看到黑黝黝的石油光泽，而且一股浓烈的石油气味扑面而来。

地质队员们你传给我，我传给你，大家都为眼前的情景欢腾了，大家的心血没有白费，终于在东北找到了石油。

这一发现鼓舞着地质队员们，接下去，他们又在公主岭地区（距离达里巴村南三百公里处）发现了含油砂岩层，厚度有三米呢。

看来，这一带是最有希望的油区。

1959年9月，石油部在松辽平原辽阔的大地上打了一口井，当深度达到一千四百六十米的时候，棕褐色的石油喷涌而出，居然喷到了很远的地方。大家经过测试，发现一天的产油可以达到十三吨，这真是一个特大的喜讯。消息传到北京，北京沸腾了。接着，第二口井，第三口井都喷出了石油，而且产量稳定，储存量大。

石油的开采在松辽平原取得了决定性的胜利，这个油田，就是大庆油田！

大庆油田的成功开采，成为中国石油工业一个重大的转折点。大庆精神、大庆人也成了一面旗帜。

李四光的预测得到了证实，他笑了。他说，现在出油的地区是站住了。但他并不满足，他要为今后做好更长远的打算。他说，我们要跳出自己的门槛和预测，再往南移动，向南沿渤海湾和渤海内，可能还会有出油的好地方。

石油勘探工作继续有步骤地开展着。李四光高瞻远瞩，在听取汇报后说，东营条件最好，应该成为下一个突破口。

1963年9月，山东东营也钻出了石油，并且创造了国内的最高纪录，这个油田后来被称作胜利油田。

这一年的12月3日，在全国人民代表大会上，周恩来总理自豪地宣布："中国石油已经基本自给。"

李四光为中国石油的发现、勘探和开采做出了不可磨灭的贡献。

千里之行，始于足下。

从小时候立下壮志，到逐渐达成理想。

李四光在他求学的生涯里，就已经为理想而努力着，他一点一滴地努力践行着自己许下的诺言，脚踏实地地学习、工作，将实践的经验大胆地运用和分析，终于为在中国大地上找到石油贡献了自己的力量。

第十三章
预报地震

地震，作为一种自然灾害，对人类的生活和环境造成了极大的破坏。

李四光一直非常重视中国的地震问题。他知道，中国是一个多地震的国家。环太平洋地震带和地中海—喜马拉雅山地震带从东部和西部包围了中国，加上中国中部又是大范围的大陆断裂带，所以经常会发生地震，这将会给人民的生命和生活带来极大的损失。

早在1952年10月，当山西北部发生强烈的破坏性的地震时，李四光就派地质、地震工作者前往震区调查，成为新中国成立后的地震地质调查的开端。李四光主张对地震的研究要争取主动，单单建立观测站是不够的，还要把地震、地质、地理、建筑、历史等方面的人员组织起来，到多震地区去做调查。

为了改变地震工作基础极其薄弱的状况，1953年，经中国科学院第四十次院务常务会议通过，设立地震工作委员会，李四光兼任主任。他们从1956年12月开始，整理了从公元前1189年至公元1954年间的有关地震的记载，查阅了各种档案、文献、古籍八千多种，通过两年的努力，汇集成了《中国地震资料年表》一书，奠定了研究中国地震活动性的基础。

1960年7月18日，广东省河源新丰江水库坝区发生4.3级地震，李四光知道后，提出要注意水库蓄水后与地震的关系。1962年3月19日，新丰江水库库区发生6.1级地震，河源地区建筑物遭到了破坏，新丰江水库建成截流蓄水后，连续发生诱发性地震，这引起了李四光的注意和关心，他在听汇报后指出，该区的地震现象与一定方式的断裂活动有关，也与水库蓄水以后水的某种作用有关，要注意该区花岗岩块的构造条件，要结合区域构造体系，对花岗岩块外部和内部的各断裂带仔细研究，还要注意该区可能与北北东向挤压带以及和它密切联系在一起的各组断裂带的活动化有关。

1965年，李四光亲自组建了西南地震地质大队去西南地区开展地壳稳定性的考察。1965年底，李四光根据多次实践，归纳总结，写出《关于地震地质工作问题》一文。文章认为，地震的发生，主要是西樵运动在岩层中引起的地应力与掩饰抵抗能之间的矛盾逐步发疹和激化的结果。地应力在岩石具有弹性的范围内是可以不断加强的，而一旦超过岩石本身的抵抗强度，岩石就会突然发生破裂，特别是在地壳比较脆弱的地方，就更容易发生破裂，引起震动，因此，地震的预报重点在于研究地应力的作用过程。

1966年3月8日，河北省南部的邢台地区发生6.8级的强烈地震，北京和河北省的居民都在清晨被大地的摇动惊醒了。

地震发生的当天，周恩来总理在中南海召开了救灾工作会议，李四光也参加了这次会议。在这次会议上，总理问大家，我们能不能预报地震呢？如果可以预先知道地震的时间，就可以做好准备，减少损失了。

这个问题使得会场一片肃静，大家都陷入了沉思。很久之后，有同志小心地说，这个问题比较难办，也有的说，国外做了很多年了，也一直没解决，对我们来说就更难了……

周总理很想知道李四光的意见，就将目光转向了他。李四光看着总理，回答说，地震是一种自然现象，它的发生是有过程的，是可以预报的，不过，还需要做大量的探索工作才行。

回去以后,李四光马上组织了一个地震地质考察小队,布置他们迅速赶到地震灾区,查明地震的原因和范围,推测地震的趋势。他们在震区打了两眼测试井,安装了测量地应力的仪器,与北京接通了专线长途电话。李四光每天守在办公室里,查问测试井那里传来的消息,他还将前线测试来的资料绘成曲线,分析背后的原因和可能发生的情况。

3月22日,邢台地区又发生了两次强烈的地震,正在隆尧县考察的一个地震小队看到一个奇特的现象:一片枣树林发生了反复的转动。他们立刻把电话打到了李四光的专线上,李四光听后马上敏锐地意识到,这个现象说明这地方发生了水平扭转运动。他马上问道:"枣树是向什么方向转动的?转动了多少度呢?"

这两次连续的地震,受到了党中央和国务院的高度重视,有些同志十分担心邢台地区还会发生更强烈的地震,建议发出地震的预报,组织群众疏散。

周总理询问李四光的意见,李四光将这一段时间考察和测绘的资料铺了开来,认真向总理汇报了他的分析,认为近期不会再出现大地震了。他在总理的办公室接通了邢台考察队的电话,又一次详细询问了各方面的情况,然后说:"一系列的余震还会发生,但再发生像3月8日和22日那样的大地震的可能性不大了。"接着，他又补充说，"就整个华北平原来看，震源有可能向东北方向发疹的趋势。"在后来几天的一次会议中，李四光根据大量的资料再次强调，深县、沧州和河间一带发生地震的可能性不可忽视。果然，11个月后，在河间发生了6.3级的地震。

1966年邢台发生地震的那一年，李四光已经是个将近八十岁的老人了，身体也不好。医生和家人都希望他少走动，多卧床，可是，当他听说周总理在地震的当天就去了震区，下决心也要去地震现场看一下，他觉得只有获得第一手的资料，亲自去那里了解更多的情况，才能更准确地分析地震、预报地震。

但他的提议一说，立刻招来一片反对声。同事劝他别去，只要坐在北京指挥就可以了；医生拿出了他身体的现状来表示反对，他身上的那个动脉瘤，随时都有破裂的可能，平时最好就少走动，更别说长途奔波了；他夫人许淑彬更是连说不同意。李四光急了，他对大家说："你们别再拦我了，总理已经连续去了四次了，我是做这个工作的，怎么能贪生怕死呢？"

大家没有办法再阻拦了，1966年4月20日，国务院专门派了一辆公务车，又请两位同志陪着李四光，朝邢台地区出发了。

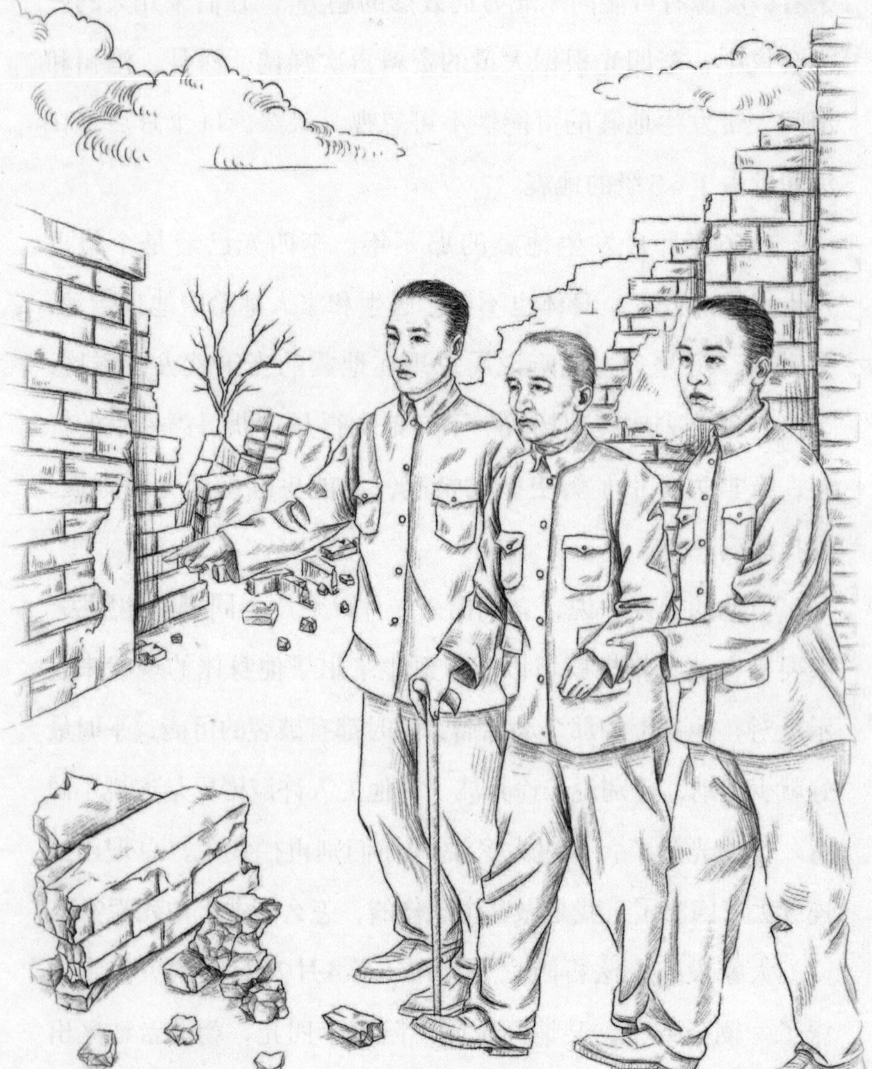

李四光先到了邢台地区隆尧县地应力观测站，检查仪器，了解情况。4月22日，他又迈着脚步来到地震现场，考察地震引起的各种形变现象。

地震之后，很多地方发生了明显的地表变化，有的地方地面上升了，更多的地方地面下降了、裂开了，顺着裂缝，可以看到涌出的泉水，还有的地方喷出了大量的沙子……李四光仔细看着这些变化，观察着倒塌的房屋、桥梁和道路的情形，他还特意去了那片枣树林，了解枣树林旋转的情况，确认了那是地面发生反复的水平转动造成的。

一到灾区，他就把事先答应的"少走动、少劳累"的承诺抛到了脑后，完全沉浸在考察和探究中，希望自己多看一点儿，多了解一点儿，连吃午饭都顾不得了。当大家劝他休息一下，吃一些东西的时候，他还和大家说，自己是搞地质的，一天不吃饭，在以前是家常便饭，这点儿身体素质还是有的。当有同志再要劝他休息的时候，他索性用恳求的口吻对人家说："来一趟不容易，就让我多看一点儿吧。"

就这样，一直到天完全黑了，什么都看不见了，李四光才依依不舍地回到车上去休息。

这一晚，他在火车上睡得特别香甜。

回来后，他还和夫人许淑彬开玩笑说，看来，经常出差，倒是治失眠的一个好办法啊！

这次去邢台，李四光获得了许多宝贵的第一手资料，很快写出了翔实的报告。这之后，他对中国的地震预报工作更投入了。他知道自己的身体日渐衰弱，留给自己的时间不会太多了，他想要抓紧一切机会，为地震的预报工作再多做一点儿事情。

这之后的四五年里，李四光对地震工作始终非常重视，先后考察了许多地方，并且逐步理出了预报地震需要做的许多准备和考察工作：首先，历史的地震记录非常宝贝；其次可以依靠仪器来探测现今地表的活动情况；然后，最重要的，还要进行地质上的观测，根据地下构造的特点预先探测、鉴定哪些地区可能发生地震，找出危险区来。

李四光在他生命最后的几年里，尽了最大的努力来研究地震预报工作，提出了一些思路和方法，为中国地震预报工作的开展奠定了基础，也指明了方向。

李四光善于挑战自我，挑战难关。在他的晚年，开始了全新的地震预测工作。

要做到这一点，不仅需要有勇气，更需要有科学的态度和长期奋战的准备。

第十四章
工作到最后一刻

早在1965年1月,李四光参加中国科学院的一次会议,在会议上发言的时候,他忽然觉得说话蛮吃力的,气息又急又短,还特别容易疲劳,他意识到可能是自己的身体出了什么问题。

于是,他去北京医院进行了一次检查,没想到,这次的检查发现了蛮严重的问题。医生发现,在李四光的左下腹部有一个搏动性的肿块。医院当即请内外科专家会诊,确定是一个长在腹部的动脉瘤。

考虑到李四光年事已高,又有冠状动脉硬化性心脏病,医生建议先采取保守疗法,以观后效。从此以后,医生嘱咐他要尽可能少参加活动,安静地在家养病。党中央国务院知道后,也很为李四光的身体担心,当即决定减少李四光的工作,将许多本来要他参加的会议和接见外宾的担子都帮他卸了。

可是,过了半年复查的时候,这个肿块却长大了,原本只有4厘米×6厘米的椭圆形,现在变成了7厘米×7厘米。按照这个速度发展,等再长大些,就有破裂的可能性,这一动脉瘤一旦破裂,后果不堪设想。

医生们进行了再一次的会诊,商议要不要手术。进行手术吧,危险性和复杂性摆在面前,这一年,李四光已经七十六岁了,而且在这之前,他曾经做过肾切除手术,加上身体虚弱等原因,可能很难承受手术,医生们征求了李四光本人和家属的意见,最后决定采取保守疗法,但随时做好手术的准备,如果肿块发展得太快,不排除通过手术摘除肿瘤的可能性。

要做到不动手术保守疗法,医生们对李四光提出了许多建议,要求他避免过多过重的体力活动,不能登高,不要拿重的东西,不要快走和快跑,减少会议和工作……总之,一句话,最好安静地休养。

面对病情,李四光清醒地意识到留给自己的时间不多了。他想要完成的事情还有太多太多,许多文章要写,一些过去写的书和论文需要修订，还有许多科研项目和工作需要自己去厘清思路，一些新开展的科研工作需要进一步完善，想到这些，李四光就坐不住了，怎么可能静卧不动呢？

也许上苍留给自己的时间不多了，将这些宝贵的时间都留在床上，留在休闲的静养中，李四光觉得太浪费了。

他仍然一如既往地工作着。1965年9月，他跑到北京大兴视察石油钻井试油的情况；12月，他连续两次出席了全国地质局长会议，还在会上对地质工作下一阶段的目标做了部署，很明确地指出，对于地质工作来说，区测是战略，普查是战役，勘探是战术。

1969年5月19日，李四光在人民大会堂陪同毛泽东主席接见来自全国各地的群众代表后，毛主席拉着李四光的手一起进了休息室，两个人在休息室谈得很愉快。毛主席对李四光的研究很有兴趣，询问了许多关于地质方面的问题，也谈了自己的一些看法。临告别时，毛主席问李四光，是否可以让他读一读李四光写的书，他还请李四光帮着收集一些国内外的资料，还特别说道，他不懂英文，那些资料最好是中文的。

李四光很快就挑选好了自己写的几本书，送给了主席。然后，他开始编写毛主席要阅读的自然科学资料。他考虑到主席的时间有限,决定从天文、地质、古生物(生物)三个方面来编写。他根据自己多年对科学实践的归纳和总结,汲取精华,将资料定名为《天文、地质、古生物资料摘要》。

为了尽快编好这本资料书,李四光几乎废寝忘食地努力工作着,大概经过一年的努力工作,到1970年3月,他完成了这部书稿的全部工作,而这一年,身患多种疾病的李四光,已经八十岁高龄了。

他还翻出了自己1961年在青岛养病期间写的《地质力学概论》,发现在过去的这十年间,地质学有了很大的发展,这本书需要充实和修订的内容很多。他成立了地质力学经验总结小组,决定进行修订。

同时,他还关心着教育事业的发展。1970年3月11日,他邀集北京大学地质地理系、三个地质学院和数学、力学系的教师一起座谈,探讨办学的方向、地质学系的培养目标等问题。1971年4月初,他还主持召开了全国教育工作会议。

让他最放心不下的,当然还是刚刚开始的地震预报工作。

1971年4月22日,李四光因为疲劳有了低烧,他自己没当回事,还在为许多的工作忙碌着。可是两天之后的4月24日,体温突然升到了三十八度,血压也波动得厉害,李四光住进了北京医院。

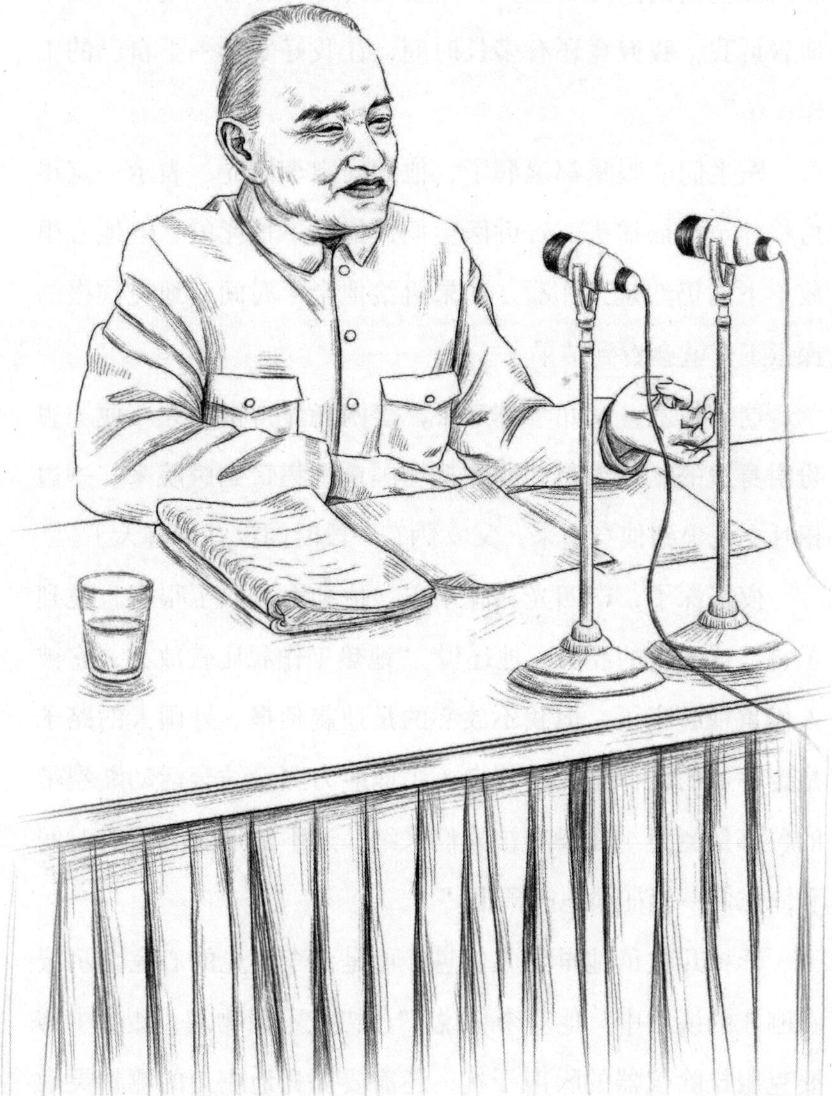

4月28日，北京医院请阜外医院的心血管专家前来会诊。看到医生们紧张的表情，李四光几次询问医生："请你们坦率地告诉我，我究竟还有多长时间，让我好安排一下自己的工作……"

医生们的眼睛都湿润了，他们安慰李四光，表示一定尽力治疗。他摇摇头，告诉医生们，他是不怕死的，但他心里放不下的仍然是工作啊，如果再给他半年时间，地震预报的探索工作就会看到结果了。

这天晚上，女儿李林来了，李四光显得很高兴。他一边吩咐身边的工作人员，明天把全国地图集带到医院来，一边招呼女儿坐到他身边来，父女俩有一段时间没好好聊天了。

夜很深了，李四光却睡不着，他和女儿谈了很多，说到了自己这一生的经历，他还说："地热工作我比较放心，它被人们重视起来了，但我不放心的是地震预报。外国人的路子是走不通的，但是我的观点（用地应力测量结合活动断裂带的位移量测量）还没有被人们采纳，还不知道我有没有时间和同志们一起征服地震预报。"

李林几次请他早点儿休息，可是，李四光的心完全沉浸在刚才的谈话中，他对李林说："可惜我不懂物理，测量中需要克服排除仪器的噪声干扰，还需要提高地应力的测量灵敏度和断裂带位移的精度……这些问题却总是解决不了。"李林答应说，一定会帮助父亲解决这些问题。

这天夜里，李四光始终惦记着地震预报工作，沉浸在对工作的思考和探索中。

1971年4月29日早晨，李四光的动脉瘤突然破裂，他感到肚子一阵剧烈的疼痛，接着就休克了。医院马上组织了最强干的医生紧急抢救，周恩来总理指示只要有一线希望就全力抢救。

手术马上进行，但由于李四光动脉瘤破裂的血管硬化，人造血管无法接上，只能进行包扎，许多医生和护士加入了献血的行列……但是，在手术进行的过程中，李四光的心脏停止了跳动。

1971年4月29日上午11时，李四光与世长辞，终年八十二岁。

1971年5月2日，在北京八宝山革命公墓举行了李四光的告别仪式。告别仪式由郭沫若主持，周恩来总理致悼词，他念了李四光的女儿李林写给总理的一封信，作为悼词。

在信中，李林记述了父亲临终前一天的遗言，反映了李四光生前对中国地质科学工作的关注和希望，以及对今后加强地震预报研究、开发利用地热、海洋地质和发展地质力学所提出的建议等，李四光那种把科学造福人类看作自己天职的崇高品质，那种呕心沥血、死而后已的精神，感染了前来吊唁的所有人。

周恩来总理最后提高声音对大家说："你们要继承李四光同志的工作！"

李四光虽然离开了大家，但他的精神将永垂不朽！